Jean-Paul Bouland

Une Parole venue d'ailleurs Tome 1

Jean-Paul Bouland

Une Parole venue d'ailleurs Tome 1
Homélies pour les grandes fêtes de l'année liturgique

Éditions Croix du Salut

Impressum / Mentions légales
Bibliografische Information der Deutschen Nationalbibliothek: Die Deutsche Nationalbibliothek verzeichnet diese Publikation in der Deutschen Nationalbibliografie; detaillierte bibliografische Daten sind im Internet über http://dnb.d-nb.de abrufbar.
Alle in diesem Buch genannten Marken und Produktnamen unterliegen warenzeichen-, marken- oder patentrechtlichem Schutz bzw. sind Warenzeichen oder eingetragene Warenzeichen der jeweiligen Inhaber. Die Wiedergabe von Marken, Produktnamen, Gebrauchsnamen, Handelsnamen, Warenbezeichnungen u.s.w. in diesem Werk berechtigt auch ohne besondere Kennzeichnung nicht zu der Annahme, dass solche Namen im Sinne der Warenzeichen- und Markenschutzgesetzgebung als frei zu betrachten wären und daher von jedermann benutzt werden dürften.

Information bibliographique publiée par la Deutsche Nationalbibliothek: La Deutsche Nationalbibliothek inscrit cette publication à la Deutsche Nationalbibliografie; des données bibliographiques détaillées sont disponibles sur internet à l'adresse http://dnb.d-nb.de.
Toutes marques et noms de produits mentionnés dans ce livre demeurent sous la protection des marques, des marques déposées et des brevets, et sont des marques ou des marques déposées de leurs détenteurs respectifs. L'utilisation des marques, noms de produits, noms communs, noms commerciaux, descriptions de produits, etc, même sans qu'ils soient mentionnés de façon particulière dans ce livre ne signifie en aucune façon que ces noms peuvent être utilisés sans restriction à l'égard de la législation pour la protection des marques et des marques déposées et pourraient donc être utilisés par quiconque.

Coverbild / Photo de couverture: www.ingimage.com

Verlag / Editeur:
Éditions Croix du Salut
ist ein Imprint der / est une marque déposée de
OmniScriptum GmbH & Co. KG
Heinrich-Böcking-Str. 6-8, 66121 Saarbrücken, Deutschland / Allemagne
Email: info@editions-croix.com

Herstellung: siehe letzte Seite /
Impression: voir la dernière page
ISBN: 978-3-8416-9890-2

Copyright / Droit d'auteur © 2013 OmniScriptum GmbH & Co. KG
Alle Rechte vorbehalten. / Tous droits réservés. Saarbrücken 2013

Jean-Paul Bouland

Une PAROLE venue d'ailleurs

Tome 1

Homélies pour les grandes fêtes
de l'année liturgique

www.jpbouland.com

VOEUX

BONNE ANNÉE NOUVELLE... MALGRÉ TOUT !

Une année chasse la précédente, et sera chassée par la suivante. Sommes-nous dans l'absurde, dans le non-sens ? Certains de nos amis le pensent peut-être; nous ne le pensons pas, et moi moins que tout autre. Car je sais qu'il nous appartient, soit de donner du sens à ce qui n'en a pas spontanément, soit de découvrir le sens caché : *Si tu crois, tu verras* !, nous dit le Christ

Je vous souhaite d'être, cette année, des découvreurs de sens, des donneurs de sens, des hommes et des femmes qui Espèrent, malgré tout !

Je vous souhaite de devenir ou de redevenir le Peuple de Dieu en marche. Le Peuple de ceux qui cherchent les signes et les traces de l'Esprit de Dieu dans le monde

Je vous souhaite de découvrir ou de redécouvrir l'Enthousiasme de l'Evangile. Le Bonheur profond que procure la confiance dans la Parole d'un certain Jésus, originaire de Nazareth, fils de Joseph et de Marie, homme comme nous, en qui nous reconnaissons le "Signe" de Dieu, le Porte-Parole de Dieu.

Je vous souhaite d'apprendre, ou de réapprendre à regarder vos semblables avec le regard même de Dieu : "*L' homme regarde le visage. L'Eternel regarde le cœur*" (1 Samuel 16,7).

Je vous souhaite de n'avoir pas peur de dire les convictions profondes qui vous animent. Nous sommes chrétiens. Nous portons en nous une Espérance. N'en faisons pas de complexe. Le temps n'est plus où les chrétiens se faisaient tout petits pour ne gêner personne. Le temps présent exige des témoins, qui témoignent.

Je vous souhaite enfin de savoir aimer, de n'avoir pas peur d'aimer. Et de savoir vous laisser aimer. Je vous souhaite en un seul mot d'être HEUREUX... malgré tout !

"Ne craignez point : je sais bien que vous cherchez Jésus, le Crucifié. Il n'est pas ici, car il est ressuscité comme il l'avait dit. Venez voir le lieu où il gisait, et vite allez dire à ses disciples: Il est ressuscité d'entre les morts, et voilà qu'il vous précède en Galilée; c'est là que vous le verrez. Voilà, je vous l'ai dit." Quittant vite le tombeau, tout émues et pleines de joie, elles coururent porter la nouvelle à ses disciples. (Matthieu 28,5-8)

Courez donc porter la Nouvelle. Elle est bonne !

CANDIDES COMME LES SERPENTS...

Il n'est qu'un Absolu : Il est l'Amour par excellence,
par Qui tout vient à l'existence
de Qui tout tient sa subsistance,
vers Qui tout être est en partance.
A Lui, Etre des êtres, Seigneur des seigneurs,
Père de tous les pères,
je présente les voeux de Son Fils :
Que Son Nom soit sanctifié,
Que Son Règne vienne,
Que Sa Volonté soit faite sur la terre comme au ciel.

A toi, mon frère, à toi ma sœur,
Je souhaite de marcher cette année
les yeux fixés sur Lui.

A toi, l'ancien, je souhaite de réveiller en toi
l'idéal de tes vingt ans :
souviens-toi pour quelle cause tu étais prêt à donner ta vie,
quel était alors le but de ton existence...
L'as-tu transmis à tes enfants ?
S'est-il perdu dans le flot du relativisme ambiant ?
Ou bien, as-tu cessé d'y croire ?

A toi, l'enfant,
je souhaite, comme les Mages en route vers l'Enfant,
d'accrocher ta vie à une étoile.
Ne t'aligne pas sur le troupeau bêlant
des satisfaits et des repus,
des mécontents et des râleurs,
des médiocres et des pessimistes;
ni sur le troupeau rigolard de ceux
qui se moquent de tout, et ne cherchent qu'à s'éclater.
Sors de chez toi, Lève les yeux et Marche.
Rejoins le groupe de ceux qui croient en un possible avenir,
et tu seras heureux !

A toi l'ancien,
je souhaite la pauvreté , cette vertu surnaturelle,
ce véritable don de Dieu,
qui fait considérer l'argent comme un moyen,
et jamais comme une fin.

A toi l'enfant,
je souhaite de ne pas écouter ceux qui te diront
que réussite de la vie rime avec richesse et considération,
et bonheur avec consommation;
Car les amis ont plus de valeur que l'argent.

A toi l'ancien,
au début de cette année de choix démocratiques,
je souhaite des convictions fortes et profondes;
que, par ton exemple,
l'enfant comprenne
qu'il n'est pas de vertu plus haute que la fidélité,
pas de plus belle tâche que de servir les autres,
pas d'engagement plus noble que l'organisation de la Cité.

A toi l'enfant,
je souhaite de ne pas écouter ceux qui te diront
qu'il ne faut rechercher que son propre bonheur;
de savoir discerner
au milieu des sollicitations multiples,
ce qui est bon, pour toi-même et pour les autres,
de tout faire pour l'obtenir,
mais aussi d'être prêt à chaque instant,
à tout remettre en cause pour un bien supérieur.

A tous, avec le Christ, j'adresse mes meilleurs voeux :
Pour cette année nouvelle que le Seigneur nous donne,
Montrez vous donc prudents comme les serpents
et candides comme les colombes.
(Matthieu 10, 16)
Et que le Seigneur soit toujours avec vous !

EPIPHANIE

SAUVÉS ... AVEC TOUS ! (Homélie pour l'Epiphanie – A)

Jésus était né à Bethléem en Judée, au temps du roi Hérode le Grand.
Or, voici que des mages venus d'Orient
arrivèrent à Jérusalem et demandèrent :
« Où est le roi des Juifs qui vient de naître ?
Nous avons vu se lever son étoile
et nous sommes venus nous prosterner devant lui. »
En apprenant cela, le roi Hérode fut pris d'inquiétude,
et tout Jérusalem avec lui.
Il réunit tous les chefs des prêtres et tous les scribes d'Israël,
pour leur demander en quel lieu devait naître le Messie.
Ils lui répondirent :
« A Bethléem en Judée, car voici ce qui est écrit par le prophète :
Et toi, Bethléem en Judée,
tu n'es certes pas le dernier parmi les chefs-lieux de Judée ;
car de toi sortira un chef, qui sera le berger d'Israël mon peuple. »
Alors Hérode convoqua les mages en secret pour leur faire préciser à quelle
date l'étoile était apparue ; puis il les envoya à Bethléem, en leur disant :
« Allez vous renseigner avec précision sur l'enfant.
Et quand vous l'aurez trouvé, avertissez-moi
pour que j'aille, moi aussi, me prosterner devant lui. »
Sur ces paroles du roi, ils partirent.
Et voilà que l'étoile qu'ils avaient vue se lever les précédait ;
elle vint s'arrêter au-dessus du lieu où se trouvait l'enfant.
Quand ils virent l'étoile, ils éprouvèrent une très grande joie.
En entrant dans la maison, ils virent l'enfant avec Marie sa mère ;
et, tombant à genoux,
ils se prosternèrent devant lui. Ils ouvrirent leurs coffrets,
et lui offrirent leurs présents :
de l'or, de l'encens et de la myrrhe.
Mais ensuite, avertis en songe de ne pas retourner chez Hérode,
ils regagnèrent leur pays par un autre chemin.
Matthieu 2, 1-12

" La révélation du Seigneur, la voici : grâce au Christ, les peuples sont co-héritiers de Dieu avec nous, incorporés au Christ comme nous, promis au même destin que nous ". Avons-nous bien pris conscience de tout ce que cela signifie pour nous, Chrétiens, individuellement et en tant qu'Eglise ? Il y a là en effet de quoi bouleverser un certain nombre d'idées et de pratiques.

" Les Peuples " écrit PAUL, c'est-à-dire, comme on traduit le plus souvent, " les Païens ", ceux qui ne sont pas Israélites d'origine, toutes ces Nations du Bassin Méditerranéen divisées en multiples petits cultes (Savez-vous que, lorsque PAUL débarqua à Corinthe, il y trouva plus de 300 lieux de cultes différents consacrés chacun à une divinité différente ?). Ces Peuples, ces adeptes d'autres religions, d'autres cultes, dont la majorité n'a jamais entendu parler de l'Eternel, et n'imagine même pas qu'il puisse exister un Sauveur venu de Dieu, les voici mis au même rang que le Peuple élu. Les incrédules avant les croyants ? Scandale et injustice !

Si PAUL écrit et enseigne cela, c'est avec raison. Il a, au sens propre du terme, été " ravi " par Jésus-Christ sur la route de Damas. Lui, le Pharisien scrupuleux, fervent observateur de la Loi, il a eu la révélation que ces Chrétiens qu'il emmenait enchaînés à Damas étaient le corps du Christ : *Je suis Jésus que tu persécutes!* Il a découvert du même coup, par une révélation particulière, que ce n'était pas l'observance de la Loi, ce qu'il croyait jusqu'alors, qui rendait juste devant Dieu, mais la confiance dans le Christ comme Parole de Dieu, Envoyé du Père et la rectitude de vie. Tout son univers a d'un seul coup basculé : il a en effet compris que le Peuple Juif, s'il reste le premier Peuple choisi pour être témoin de l'action de Dieu, n'est plus l'unique Peuple choisi. Désormais, ce sont tous les Peuples qui sont choisis, c'est avec l'ensemble de l'Humanité, et non plus avec un seul Peuple, que l'Eternel a fait alliance. Une révolution véritablement copernicienne : comme si les Peuples du monde ne tournaient plus autour du Peuple d'Israël, mais Israël et les Peuples tournaient tous autour de Dieu.

Nous acceptons assez facilement l'explication théorique, mais dans la pratique ?

Traduisons donc pour aujourd'hui : *Bouddhistes, Hindouistes, Animistes, Shintoïstes, Musulmans, Témoins de Jéhovah, Adventistes du septième jour, Mormons, Croyants de toutes dénominations et non-croyants sont co-héritiers de Dieu avec nous, incorporés au Christ comme nous, promis au même destin que nous.* Alors à quoi sert-il d'être Chrétien ? A quoi sert-il de nous efforcer de vivre l'Evangile dans le quotidien de nos existences ? Que nous donne de plus que les autres la foi en Christ ? Bref, quelle est notre originalité de Chrétiens ?

La réponse est toujours celle de PAUL : la révélation du mystère de Dieu c'est que les Bouddhistes sont aimés de Dieu comme Bouddhistes, s'ils sont de véritables Bouddhistes, les Musulmans comme Musulmans, s'ils sont de véritables Musulmans, les non-croyants comme non-croyants s'ils sont sincères dans leur non-croyance et s'ils obéissent à leur conscience. Rappelez-vous la scène du Jugement final dans l'Evangile de Matthieu : *J'ai eu faim et vous m'avez donné à manger... J'ai eu soif et vous ne m'avez pas donné à boire... Chaque fois que vous l'avez fait au plus petit... Chaque fois que vous ne l'avez pas fait au plus petit... c'est à moi que vous l'avez fait...*

c'est à moi que vous ne l'avez pas fait! Ainsi donc nous aussi Chrétiens, nous sommes aimés de Dieu comme Chrétiens, si nous sommes véritablement Chrétiens. SI NOUS SOMMES VERITABLEMENT CHRETIENS ! C'est-à-dire si nous sommes fidèles, individuellement et en tant qu'Eglise, à notre mission de témoin de Dieu au milieu des nations.

Autrement dit, nous qui avons un jour été " pris " par Dieu, nous sommes sauvés gratuitement par Lui, par grâce, mais nous avons encore à vivre devant les autres, Bouddhistes, Hindouistes, Shintoïstes, Musulmans, Témoins de Jéhovah, Adventistes du septième jour et non-croyants comme des hommes, des femmes et des enfants SAUVES ! dont la vie a été un jour transformée, qui ont découvert le Royaume de Dieu, et qui vivent quotidiennement dans l'Espérance de ce Royaume de Justice, de Paix, de Vérité, d'Amour et de Liberté... et qui paraissent HEUREUX !

C'est ce que je nous souhaite et que je nous invite à vivre cette année !

NOËL – EPIPHANIE (Homélie pour l'Epiphanie – B)

*Jésus était né à Bethléem en Judée, au temps du roi Hérode le Grand.
Or, voici que des mages venus d'Orient arrivèrent à Jérusalem
et demandèrent :
« Où est le roi des Juifs qui vient de naître ?
Nous avons vu se lever son étoile et nous sommes venus
nous prosterner devant lui. »
En apprenant cela, le roi Hérode fut pris d'inquiétude,
et tout Jérusalem avec lui.
Il réunit tous les chefs des prêtres et tous les scribes d'Israël,
pour leur demander en quel lieu devait naître le Messie. Ils lui répondirent :
« A Bethléem en Judée, car voici ce qui est écrit par le prophète :
Et toi, Bethléem en Judée,
tu n'es certes pas le dernier parmi les chefs-lieux de Judée ;
car de toi sortira un chef, qui sera le berger d'Israël mon peuple. »
Alors Hérode convoqua les mages en secret pour leur faire préciser à quelle
date l'étoile était apparue ; puis il les envoya à Bethléem, en leur disant : «
Allez vous renseigner avec précision sur l'enfant.
Et quand vous l'aurez trouvé, avertissez-moi pour que j'aille, moi aussi, me
prosterner devant lui. »
Sur ces paroles du roi, ils partirent.
Et voilà que l'étoile qu'ils avaient vue se lever les précédait ;
elle vint s'arrêter au-dessus du lieu où se trouvait l'enfant.
Quand ils virent l'étoile, ils éprouvèrent une très grande joie.
En entrant dans la maison, ils virent l'enfant avec Marie sa mère ;
et, tombant à genoux,
ils se prosternèrent devant lui. Ils ouvrirent leurs coffrets,
et lui offrirent leurs présents :
de l'or, de l'encens et de la myrrhe.
12 Mais ensuite, avertis en songe de ne pas retourner chez Hérode,
ils regagnèrent leur pays par un autre chemin.
(Matthieu 2, 1-12)*

Dès le premier siècle avant J-C, le 25 décembre, on célébrait à Rome le culte de Mithra, d'origine persane, importé à Rome par les légionnaires romains. Mithra était la divinité perse de la lumière, qui symbolisait le soleil invaincu (Dies natalis solis invicti). On le célébrait par le sacrifice d'un jeune taureau. En 274 après Jésus-Christ, l'empereur Aurélien déclara le culte de Mithra religion d'état.

A cette époque, on ne célébrait pas encore la naissance de Jésus; il n'y avait qu'une seule grande fête, celle de Pâques, célébrant la Résurrection. C'est seulement dans le cours du II° siècle que l'Église chercha à déterminer dans l'année le jour de la naissance de Jésus sur lequel les évangiles ne disent rien. Des dates différentes furent alors proposées, ici ou là : le 6 janvier, le 25 mars, le 10 avril ... A Rome, l'Église choisit le 25 décembre pour célébrer la naissance de Jésus, pour faire pièce à la fête païenne de la naissance de Mithra. Et c'est l'empereur Constantin qui, vers 330 ou 354, décida de fixer la date de Noël au 25 décembre. Cette date avait une valeur symbolique. En effet, en s'inspirant des prophéties de Malachie (3,19) et du texte de l'évangile de Luc (1,78), on considérait la venue du Christ comme le lever du "Soleil de justice".

La fête du 25 décembre arriva progressivement en Orient et en Gaule : en 379 à Constantinople, au début du Vème siècle en Gaule, au cours du Vème à Jérusalem et à la fin du Vème en Égypte. Dans les Églises d'Orient, au 4ème siècle, on célébrait, sous des formes diverses, le 6 janvier la fête de la manifestation de Dieu. Aujourd'hui encore, nos frères orthodoxes célèbrent la naissance de Jésus le 6 janvier de notre calendrier grégorien, qui correspond au 25 décembre du calendrier julien (le Pape Grégoire XIII a imposé le changement du calendrier en 1582, pour rattraper le décalage de la Terre par rapport au Soleil).

La fête de l'Épiphanie, proprement dite, célébrée le 6 janvier, apparut dans des lieux différents avec un contenu différent : ici la naissance de Jésus; là, l'adoration des mages; ailleurs le baptême de Jésus dans le Jourdain et le miracle des noces de Cana. Elle existait au IVème siècle et elle est probablement plus ancienne. A Constantinople, elle commença à rappeler à la fois la nativité et le baptême de Jésus, puis elle ne rappela que le baptême, lorsque Constantinople adopta en 379 la fête de Noël le 25 décembre. C'est alors qu'elle devint un jour baptismal. La bénédiction de l'eau avait lieu la veille de la fête et elle était distribuée aux fidèles le jour de l'Épiphanie. En Égypte, elle célébrait le baptême du Christ. Le miracle de Cana était fêté peu après. On bénissait l'eau du Nil et on puisait cette eau bénite pour asperger les bateaux. Ce jour devint un jour de baptême. En Gaule sous l'influence orientale, elle apparut en 361. Elle célébrait la nativité de Jésus jusqu'à ce que la Gaule ait adopté la fête du 25 décembre au début du Vème siècle. Alors elle rappela les mages, le baptême du Christ et le miracle de Cana.

Pourquoi remonter si loin et rappeler ces faits historiques ?, pensez-vous. Tout simplement pour nous dire, et nous redire encore une fois, que le récit de la naissance de Jésus, tout comme celui de l'adoration des Mages, ne sont pas des récits historiques, au sens actuel du terme. Ces textes sont symboliques, porteurs de message. Le récit de Luc, entendu à la messe de la nuit de Noël (la crèche, les anges, les bergers...), nous signifie que, lorsque Dieu se donne à voir, ce n'est pas à la manière des monarques de ce monde, avec carrosse doré et suite de courtisans, mais comme un pauvre enfant frêle et chétif, et que ce sont les pauvres qui en révèlent la présence. Quant au texte de Mathieu (le roi, les mages...) il nous signifie que, dans la personne de Jésus, Verbe de Dieu, Serviteur de Dieu, c'est Dieu qui s'est manifesté un jour à l'ensemble du genre humain; et que nous avons dorénavant mission de le manifester nous aussi à nos frères en humanité.

Saint LEON le Grand (Pape de 440 à 461) résumait cela ainsi : " *Chrétien mon frère, reconnais ta dignité. Puisque tu participes maintenant à la nature divine, ne dégénère pas en revenant à la déchéance de ta vie passée. Rappelle-toi de quelle tête et de quel Corps tu es membre. Souviens-toi que tu as été arraché au pouvoir des ténèbres pour être transféré dans la lumière et le Royaume de Dieu* " (S. Léon le Grand, serm. 21, 2-3 : PL 54, 192A).

A chaque eucharistie, le prêtre qui célèbre dit, au moment où il mélange l'eau au vin, au cours du rite de l'Offrande : "*Comme cette eau se mêle au vin pour le sacrement de l'alliance, puissions-nous être unis à la divinité de Celui qui a pris notre humanité*".

Si cela pouvait se réaliser en chacun de nous !

QUEL AVENIR DÉSIRONS-NOUS ? (Epiphanie – C)

*Jésus était né à Bethléem en Judée, au temps du roi Hérode le Grand.
Or, voici que des mages venus d'Orient arrivèrent à Jérusalem et demandèrent :
« Où est le roi des Juifs qui vient de naître ?
Nous avons vu se lever son étoile
et nous sommes venus nous prosterner devant lui. »
En apprenant cela, le roi Hérode fut pris d'inquiétude,
et tout Jérusalem avec lui.
Il réunit tous les chefs des prêtres et tous les scribes d'Israël,
pour leur demander en quel lieu devait naître le Messie. Ils lui répondirent :
« A Bethléem en Judée, car voici ce qui est écrit par le prophète :
Et toi, Bethléem en Judée, t
u n'es certes pas le dernier parmi les chefs-lieux de Judée ;
car de toi sortira un chef, qui sera le berger d'Israël mon peuple. »
Alors Hérode convoqua les mages en secret
pour leur faire préciser à quelle date l'étoile était apparue ;
puis il les envoya à Bethléem, en leur disant :
« Allez vous renseigner avec précision sur l'enfant.
Et quand vous l'aurez trouvé, avertissez-moi pour que j'aille,
moi aussi, me prosterner devant lui. »
Sur ces paroles du roi, ils partirent.
Et voilà que l'étoile qu'ils avaient vue se lever les précédait ;
elle vint s'arrêter au-dessus du lieu où se trouvait l'enfant.
Quand ils virent l'étoile, ils éprouvèrent une très grande joie.
En entrant dans la maison, ils virent l'enfant avec Marie sa mère ;
et, tombant à genoux,
ils se prosternèrent devant lui. Ils ouvrirent leurs coffrets,
et lui offrirent leurs présents :
de l'or, de l'encens et de la myrrhe.
12 Mais ensuite, avertis en songe de ne pas retourner chez Hérode,
ils regagnèrent leur pays par un autre chemin.
(Matthieu 2, 1-12)*

L'existence de Jésus, du début jusqu'à la mise en croix, fut un immense quiproquo.

De son côté d'abord : il pensait pouvoir restaurer le Judaïsme des origines, la religion des Pères, revenir à la pratique originelle de la Loi. Combien de fois, dans les quatre récits évangéliques, ne l'entendons-nous pas déclarer : *A l'origine, il n'en était pas ainsi…* Revenir à une pratique toute de douceur et de tolérance, où les pauvres, les lépreux, les publicains, les prostituées n'auraient pas été exclus, mais accueillis comme des frères et des sœurs, différents peut-être, voire même pécheurs, mais tous reconnus membres du Peuple de Dieu. Et puis, il avait rapidement trouvé en travers de sa route les Corps constitués, ceux à qui la situation profitait, et qui n'auraient pu trouver aucun profit à voir la moindre évolution contrarier leurs intérêts : les Pharisiens et les Scribes, groupe puissant issus des classes populaires, mais qui venaient de réaliser l'union sacrée avec l'autre groupe puissant, mais issu de l'aristocratie : les Sadducéens et les familles des grands-prêtres. Un autre groupe aurait bien voulu l'annexer à sa cause : les Zélotes, partisans fanatiques de la lutte armée contre l'occupant romain. Si bien qu'à la fin des fins, il avait du payer le prix : un simulacre de procès devant le gouverneur romain, et la crucifixion honteuse.

Du côté du peuple ensuite : le peuple, fatigué des taxes et des corvées, lassé des brimades subies de la part des romains, et de leurs alliés objectifs, les Pharisiens, les Scribes et les Sadducéens, s'était réfugié dans le rêve. Le rêve d'une liberté enfin retrouvée, dans les frontières reconstituées de l'ancien royaume mythique de David, comme au bon vieux temps, lorsqu'on vivait en paix avec un Roi, et une Loi, sur la Terre promise par Dieu à Abraham, Isaac et Jacob... Le peuple rêvait du Royaume de Dieu sur la Terre ! Et, apprenant ce que disait et faisait Jésus, il avait fait de lui le Messie attendu, celui qui inaugurerait la fin des temps, en se manifestant clairement au peuple comme le Sauveur attendu (rappelez-vous le rêve des disciples d'Emmaüs : *et nous qui espérions qu'il restaurerait le Royaume de David* !). Et puis, là aussi, la mort ignominieuse de Jésus en croix avait ruiné leurs projets et leur attente.

C'est à leur intention, ou du moins à l'intention de leurs descendants, que Matthieu invente, près de cinquante ans après, cette histoire merveilleuse des trois astrologues venus d'Orient, pour adorer l'enfant.

Cette histoire, sous forme de parabole, met en scène des personnages non-juifs, venus de contrées non-juives. Ils symbolisent ces pays qu'on nommait : les Nations. Et Matthieu affirme ainsi, ce qui, à l'époque, était de notoriété commune : ce sont les non-Juifs, habitant dans des pays non-juifs, qui ont accueilli avec passion le message de Jésus, et non pas les Juifs d'origine, ceux de Judée ou de Galilée. Ces astrologues ont suivi une étoile, celle qu'on ne manque pas de faire apparaître chaque fois qu'on relate la naissance d'un personnage qui deviendra célèbre. Ils apportent avec eux l'or, symbole du pouvoir terrestre; l'encens, symbole de la transcendance; et la myrrhe, destinée à embaumer les morts. Matthieu affirme ainsi, d'entrée de jeu, au début de son récit, que Jésus est bien le Messie, mais pas celui qu'attendaient les Juifs; que sa mort et sa résurrection ont bien inauguré la fin des temps, mais pas la restauration du Royaume de David; et que ce Messie est bien l'homme qui a été mis à mort un Vendredi, veille de Pâque, à Jérusalem. Saint Paul avait déjà résumé cela trente années auparavant : *nous proclamons, nous, un Messie crucifié, scandale pour les Juifs et folie pour les païens, mais pour ceux qui sont appelés, Juifs et Grecs, il est le Messie, puissance de Dieu et sagesse de Dieu.* (1 Corinthiens 1, 23-24)

Et nous : En quel Dieu croyons-nous ? Quel Sauveur attendons-nous ? Et quel avenir désirons-nous ?

CELUI QU'ON ATTENDAIT (BAPTEME du CHRIST)

*Le peuple venu auprès de Jean Baptiste était en attente,
et tous se demandaient en eux-mêmes si Jean n'était pas le Messie.
Jean s'adressa alors à tous :
« Moi, je vous baptise avec de l'eau ;
mais il vient, celui qui est plus puissant que moi.
Je ne suis pas digne de défaire la courroie de ses sandales.
Lui vous baptisera dans l'Esprit Saint et dans le feu. »
Comme tout le peuple se faisait baptiser et que Jésus priait,
après avoir été baptisé lui aussi,
alors le ciel s'ouvrit. L'Esprit Saint descendit sur Jésus,
sous une apparence corporelle, comme une colombe.
Du ciel une voix se fit entendre :
« C'est toi mon Fils : moi, aujourd'hui, je t'ai engendré. »
(Luc 3, 15-16 et 21-22)*

Ce que l'Eglise pense de Jésus de Nazareth a été depuis longtemps élaboré, mis au point et condensé dans ce résumé, qu'on appelle la "Profession de Foi", qu'on le nomme Symbole des Apôtres ou Symbole de Nicée-Constantinople. Ce n'était pas encore le cas au premier siècle. Les communautés de croyants s'étaient créées autour d'un homme, qui avait été converti par le message d'un ancien disciple de Jésus, et qui rassemblait autour de lui, bon gré mal gré, un certain nombre de nouveaux adeptes, auxquels il avait transmis le même message. En cette époque de tradition orale, où rien n'avait encore été mis par écrit, chaque communauté se faisait son opinion à elle, on dirait aujourd'hui sa propre théologie, sur la personne de Jésus. C'est d'ailleurs pourquoi Matthieu, Marc, Luc et Jean rédigèrent, chacun de son côté, entre les années 70 et la fin du siècle, un récit destiné à résumer et illustrer, pour autant qu'il serait possible, la vie et le message de Jésus. Il faudra encore plusieurs siècles, et de nombreuses recherches, plus ou moins erratiques pour que l'Eglise parvienne à une doctrine commune. Nous trouvons trace de quelques-unes de ces démarches hésitantes, dans l'évangile de ce jour.

Pour certains, Jean est plus grand que Jésus, puisqu'il a subi, lui, une mort "traditionnelle" de prophète, victime d'Hérode, et non pas la mort honteuse du rebelle sur la croix. Jean est donc le Messie, le fameux "Fils d'Homme" qui doit venir inaugurer la fin des temps.
A ceux-là, Luc répond par des paroles qu'il met directement dans la bouche de Jean : *Moi, je vous baptise avec de l'eau. Mais un plus fort que moi s'en vient: je ne suis pas digne de dénouer les cordons de ses sandales. Lui, il vous baptisera dans le Saint Souffle Spirituel et le feu. ..* Jésus est bien le

Messie, l'homme de la fin des temps, objet de l'espérance du peuple depuis deux siècles. Mais ce Messie n'est pas venu tel qu'on l'attendait. C'est un Messie humble, vulnérable.

Pour d'autres, Jésus vient de Dieu, cela ne fait aucun doute, mais il est Dieu avant toute chose. Son incarnation n'est qu'une manière de dire. Il n'était pas vraiment un homme. Il n'a pas vraiment et véritablement souffert. Il n'est pas réellement mort. Et donc sa résurrection n'est qu'une manière de dire le rang qui l'égale à Dieu.

A ceux-là, Luc répond par la mise en scène du baptême. Si Jésus avait eu conscience d'être Dieu, il ne serait pas abaissé devant Jean pour recevoir de lui le baptême de purification en signe de conversion.

Pour beaucoup, depuis que les Romains occupent tout le Bassin méditerranéen, depuis que tous les citoyens de l'Empire sont tenus de se prosterner devant la statue de l'Empereur, le ciel est fermé, comme si Dieu avait abandonné son peuple.

A ceux-là, Luc répond : *Or, après que tout le peuple ait reçu le baptême, – Jésus, baptisé, est en prière– le ciel s'ouvre...* signifiant ainsi que, grâce à Jésus, véritable intermédiaire entre l'humanité et la divinité, la communication est rétablie, et que chacun peut "*être uni à la divinité de celui qui a pris notre humanité*".

Pour d'autres encore, Jésus n'est qu'un homme. Certes un homme extraordinaire, mais un homme comme les autres. Ce qui le différencie des autres, c'est qu'il a été adopté par Dieu après sa mort, ce qui fait dire qu'il a été re-suscité à la vie de Dieu.

A ceux-là, Luc répond : *le Souffle Spirituel descend sur Jésus, sous l'apparence physique d'une colombe. Une voix vient des cieux: Tu es mon fils; moi, aujourd'hui, Je t'ai engendré.* Jésus est bien Fils de Dieu.

D'autres se demandent si Jésus est bien le Messie, objet de l'espérance du peuple au long des deux derniers siècles.

A ceux-là, Luc répond : *Une voix vient des cieux: Tu es mon fils; moi, aujourd'hui, Je t'ai engendré.* La formule rituelle du sacre des rois, qu'on s'obstinait à chanter dans le Temple de Jérusalem, même et surtout depuis qu'il n'y avait plus de roi à régner sur Israël.

SEMAINE SAINTE

...UNIS A LA DIVINITE… (dimanche des Rameaux – A)

*Comme cette eau se mêle au vin pour le Sacrement
de l'Alliance, puissions-nous être unis
à la divinité de Celui qui a pris notre humanité –*

Il est venu, il a pris corps, il s'est incarné, il est devenu l'un de nous, semblable à n'importe lequel d'entre nous, véritablement homme sans cesser d'être véritablement Dieu, afin de rendre à tout être humain, c'est-à-dire à chacun et à chacune d'entre nous sa dignité de fils et de fille de Dieu, sa beauté d'icône de Dieu, et d'apprendre aux hommes que le monde et l'Humanité sont dès maintenant le lieu du Règne de Dieu, et appelés à devenir un jour et pour toujours Royaume de Dieu.

Lorsqu'il agissait, c'était l'Action même de Dieu qui se manifestait par Lui, afin que tout homme apprenne de Lui à devenir acteur avec Dieu ...

Lorsqu'il désirait, c'était du désir même de Dieu, afin que tout homme apprenne de Lui à ne mettre aucune autre limite à son désir que la limite du désir de Dieu, qui ne connait aucune limite...

Lorsqu'il parlait, c'était la Parole même de Dieu qui sortait de sa bouche, afin que tout homme apprenne de Lui à devenir Porte-Parole de Dieu ...

Lorsqu'il aimait, c'était avec le coeur de Dieu, afin que tout homme apprenne de Lui à aimer de l'amour même de Dieu ...

Lorsqu'il donna son corps, c'était le corps même de Dieu, afin que tout homme apprenne de Lui à se donner à ses frères ...

Lorsqu'il souffrit, c'était la souffrance même de Dieu, afin que tout homme apprenne de Lui à donner sa vie, par amour ...

A l'heure de sa mort, ce fut la mort même de Dieu, afin que tout homme apprenne de Lui que la mort mène à la vie de Dieu ...

Et lorsqu'il se releva d'entre les morts, ce fut la vie même de Dieu qui se manifesta en Lui, afin que tout homme apprenne de Lui qu'avec Dieu il a le pouvoir de vaincre la mort ...

*... et qu'au nom de Jésus, aux cieux, sur terre
et dans l'abîme, tout être vivant tombe à
genoux, et que toute langue proclame : Jésus est
Christ et Seigneur, pour la gloire de Dieu le Père.
AMEN.*

IL S'EST OFFERT (Passion – année A)

Ce jour où Jésus pénètre dans Jérusalem monté sur un ânon, c'est une émeute. Qui donc l'a fomentée ? Qui l'a organisée ? Aucun rédacteur des récits évangéliques n'en dit rien, mais c'est bel et bien une émeute. Matthieu, Marc, Luc et Jean nous rapportent les slogans criés par la foule : *Hosanna au fils de David !* - *Béni soit notre roi !* - *Hosanna*, c'est-à-dire Sauve-nous ! – *Fils de David*!, c'est-à-dire le Messie. - *Notre roi*. C'est-à-dire le roi des Juifs. Et le plus étonnant, c'est que Jésus, pour la première fois, qui sera aussi la dernière, se laisse prendre. *Quand il entra dans Jérusalem, toute la ville fut agitée. "Qui est-ce?" Disait-on, et les foules disaient: "C'est le prophète Jésus, de Nazareth en Galilée."* (Matthieu 21, 10-11). Jusqu'alors il avait refusé de céder à la pression populaire : *Mais Jésus, sachant qu'on allait venir l'enlever pour le faire roi, se retira à nouveau, seul, dans la montagne.* (Jean 6,15

Et Jésus persiste et signe : *Jésus entra dans le Temple et se mit à chasser ceux qui vendaient. Il leur disait: " Il est écrit: Ma maison sera une maison de prière; mais vous, vous en avez fait une caverne de bandits. "*. (Luc 19, 45-46). S'attaquer au Temple, même si c'est pour en chasser les marchands qui y ont établi boutique, c'est s'attaquer à la Maison de Dieu, c'est le sacrilège par excellence aux yeux des Pharisiens et des prêtres. Jésus le sait. Jésus le fait quand même! En toute connaissance des conséquences auxquelles il peut s'attendre. Et Luc poursuit : *Les grands prêtres et les scribes cherchaient à le faire périr, et aussi les chefs du peuple; mais ils ne trouvaient pas ce qu'ils pourraient faire, car tout le peuple, suspendu à ses lèvres, l'écoutait*. Ils ont peur de réactiver l'émeute de la veille. Ils attendent leur heure.

Et leur heure, ce sera l'heure de Judas, l'heure du *Prince des Ténèbres*..

Judas, l'homme au poignard, le "sicaire", Iscarioth nous dit-on, comme si on n'osait pas dire que Judas était un Zélote, un terroriste infiltré dans la bande de Jésus (comment ? nul ne le sait, car Jésus ne l'a pas appelé !). Terroriste infiltré, peut-être repenti, mais resté dans la main des autorités, qui vont l'utiliser afin qu'il les mène jusqu'à Jésus. On lui promet trente pièces d'argent, c'est-à-dire une misère, l'équivalent d'un ou deux mois de salaire; certainement parce qu'on juge que l'opération ne vaut pas plus. On désire donner une bonne leçon à Jésus, après quoi on le relâchera et on aura la paix. C'est du moins ce qu'ils disent à Judas. Et Judas les mène de nuit jusqu'au mont des Oliviers où Jésus se cache, depuis quelques jours, peut-être depuis le jour de l'émeute. La suite, on la connaît.

On connaît la suite ? Est-ce si sûr ?

Théoriquement, le cas de Jésus, agitateur religieux partisan du retour aux sources, relevait du Sanhédrin, le Conseil suprême chargé de régler les affaires religieuses. Et le principal chef d'inculpation contre Jésus relevait du Sanhédrin : *Il a dit qu'il était Fils de Dieu* ! C'est le blasphème par excellence. Joint à l'attaque contre le Temple, le sacrilège par excellence, cela faisait deux chefs d'inculpation pouvant entraîner la mise à mort par lapidation. Mais les chefs des prêtres vont saisir une autre occasion, qui leur permettra de se garder les mains pures : Jésus s'est dit le Messie, c'est-à-dire le Roi des Juifs, car il s'est laissé acclamer comme Roi le jour de l'émeute. Et ils vont le faire condamner par Pilate. Une belle astuce : on va transmuer l'inculpation pour motif religieux en inculpation pour motif politique !

Pour Pilate, c'est une affaire somme toute mineure. Jésus n'a pas l'air dangereux. Il ne menace pas la sécurité publique. En tout cas pas autant que le terroriste qu'on a arrêté le jour de l'émeute : Barabbas ! Et Pilate, qui pourtant n'est pas un tendre, n'a pas du tout envie d'envoyer Jésus à la croix. Les chefs des prêtres et les membres du Sanhédrin ameutent alors une foule, et lui font réclamer la mort pour Jésus et la libération pour Barabbas. *Pour la troisième fois, Pilate leur dit: "Quel mal a donc fait cet homme ? Je n'ai rien trouvé en lui qui mérite la mort. Je vais donc lui infliger un châtiment et le relâcher." Mais eux insistaient à grands cris, demandant qu'il fût crucifié, et leurs clameurs allaient croissant. Alors Pilate décida que leur demande serait satisfaite.* Ainsi donc Pilate ne condamne pas Jésus à mort. Il le livre aux chefs des Juifs, en leur fournissant les hommes et le matériel nécessaires à la mise en croix.

Ce n'est pas le peuple Juif qui a réclamé la mort de Jésus, mais quelques personnes poussées par les chefs des prêtres et des membres du Sanhédrin. Pilate n'a pas obtempéré à la demande de condamnation des responsables, pour lesquels il n'avait que mépris. Et, pour bien affirmer son mépris, il fait apposer cet écriteau ridicule sur la croix : Jésus de Nazareth Roi des Juifs…

En fin de compte, c'est Jésus lui-même qui s'est laissé faire. Il s'est offert.

Mais on n'aurait gardé aucun souvenir de sa passion et de sa mort s'il n'avait pas été rendu à la vie par Celui qu'il nommait son Père, et si l'Histoire du monde n'en avait pas été bouleversée par ceux et celles qui ont cru à cette résurrection. Jésus, pour nous, est plus que Spartacus, que Ben-Hur, que Jeanne d'Arc et d'autres encore. Beaucoup plus !

LE MAITRE ET L'ESCLAVE (Jeudi-Saint)

Jérusalem. Avril de l'année 30.

Depuis plusieurs jours, une rumeur prétend que Jésus a redonné vie à son ami Lazare, qui était mort. Or nous savons tous qu'une rumeur, vraie ou fausse, cela a la vie dure, et qu'on ne l'arrête pas d'un seul claquement de doigt ! Cette rumeur est remontée aux oreilles de quelques Pharisiens, qui l'ont rapportée au Sanhédrin : *"Que ferons-nous ?,* disaient-ils, *car cet homme opère beaucoup de miracles. Si nous le laissons faire, tous croiront en lui, et les Romains viendront détruire notre ville et notre nation."* (Jean 11, 47-48). C'est alors que le Grand Prêtre déclara : *"Vous n'y entendez rien; vous ne réfléchissez pas qu'il est de votre intérêt qu'un seul homme meure pour le peuple, et que toute la nation ne périsse pas."* (Jean 11 48-50).

On a rapporté à Jésus cette déclaration du Grand Prêtre. Et Jésus a décidé de ne plus se manifester pendant quelques temps. Mais , nous dit Jean, *"La police du Sanhédrin cherchait Jésus et ils se disaient les uns aux autres, se tenant dans le temple: "Que vous en semble? Pensez-vous qu'il ne viendra pas à la fête?" Or, les Pontifes et les Pharisiens avaient donné l'ordre que, si quelqu'un savait où il était, il le déclarât, afin qu'ils le fissent prendre"* (Jean 11, 55-56).

Presque par hasard, des gens sont venus jusqu'à lui, et ont organisé à Jérusalem une espèce de manifestation de masse pour tenter de l'amener à prendre la tête d'une révolution. Et, ce jour-là, Jésus a accepté, alors que, jusqu'à présent, il s'y est toujours refusé. C'est cette manif que nous rappelons le jour des Rameaux. Elle a rassemblé un si grand nombre de gens que la police juive n'a pas osé l'arrêter : *Les Pharisiens se dirent donc entre eux: "Vous voyez bien que vous ne gagnez rien: voilà que tout le monde court après lui."* (Jean 12, 19). Et on a arrêté Jésus-Barrabas et deux acolytes de peu d'importance, qu'on retrouvera, quelques jours plus tard, crucifiés de chaque côté de Jésus.

Jésus sait donc que sa liberté est menacée. Il a même découvert que Judas a été contacté par des membres du Sanhédrin pour le leur livrer. Il décide donc de se livrer volontairement. Mais auparavant il désire prendre un dernier repas avec ses disciples. Dans le secret le plus absolu, il contacte un ami sûr, qui lui prête une salle. C'est le dernier repas qu'il prendra avec eux. Ils ne le savent pas. Mais lui le sait. A tel point qu'il leur dira, au cours de ce repas : *"Prenez ce pain, c'est mon corps livré pour vous. Prenez ce vin, c'est mon sang versé pour vous"*.

Est-ce un repas pascal anticipé, ou un simple repas ? Les spécialistes en discutent toujours. Mais c'est un repas rituel, COMME le repas pascal. Et au début de ce repas, il fait un geste inhabituel, un geste qui les déstabilise tous. Alors qu'habituellement, c'est à un esclave que revient la tâche de purifier les pieds boueux ou poussiéreux de ceux qui sont reçus; ce soir-là, c'est lui qui prend la place de l'esclave, et qui purifie les pieds de ses disciples. "*Si donc moi, le Seigneur et le Maître, je me suis fait esclave et vous ai lavé les pieds, vous devez aussi vous laver les pieds les uns aux autres. Je vous ai donné l'exemple, afin que, comme je vous ai fait, vous fassiez aussi vous-mêmes*". (Jean 13, 14-15)

Ainsi donc, ils comprennent, sans bien le comprendre, que dans le monde de Dieu, dans le Royaume de Dieu, ce sont les petits qui sont grands, les pauvres qui sont riches, les morts qui sont vivants, les esclaves qui sont maîtres. Et je comprends, moi, petit français d'Avril 2012, que, dans le Royaume de Dieu, le candidat à la Présidence se présente pour le service de tous, et particulièrement des petits, des pauvres et des esclaves.

LE SOIR OU TOUT S'ACCOMPLIT... (Jeudi-Saint)

Jésus, sachant que son heure était venue de passer de ce monde vers le Père... sachant que le Père lui avait tout remis entre les mains et qu'il était venu de Dieu et qu'il s'en allait vers Dieu... (Jean 13,1-3).

Je m'interroge aujourd'hui sur ce que les récits évangéliques ne nous disent pas de ce qui concerne Jésus. Qu'a-t-il fait depuis l'âge de 12 ans, où nous le voyons discuter au Temple avec des spécialistes de l'Ecriture, jusqu'à l'âge de 30 ans, où nous l'entendons proclamer : *Changez de conduite, le Règne de Dieu est proche* ? Dix-huit années, c'est long... Mais aucun récit évangélique ne nous dit quoi que ce soit... S'il est resté à la maison à travailler avec son Père, et éventuellement ses frères, il a bien dû se marier... Mais on ne parle nulle part ni de sa femme, de ses enfants... S'il ne s'est pas marié, il n'a pas pu rester dans son village, car il était inconcevable d'être adulte, normal, et non marié... Et puis, il n'était pas seul dans ce cas; il y avait Jean, son cousin, son aîné, dont on ne parle ni de la femme ni des enfants...Jean et Jésus auraient-ils donc rejoint, ensemble ou séparément, une de ces communautés esséniennes, composées de célibataires, qui vivaient à l'écart des lieux fréquentés ? Auraient-ils donc quitté leur communauté - mais à la suite de quel incident ? - pour partir ensemble proclamer un "*baptême de conversion pour le pardon des péchés*" ? Et pourquoi se sont-ils séparés ? Ces silences, de la part des rédacteurs des récits évangéliques, est bizarre, comme s'ils s'étaient mis d'accord pour ne pas en parler, peut-être parce que cela n'en valait pas la peine, ou simplement parce que tout le monde, à l'époque, était au courant . Et pourtant je voudrais bien connaître le moment et le lieu exact où Jésus de Nazareth a pris conscience de la relation particulière et étroite qui l'unissait à l'Eternel, qu'il nommait "Papa". Car aujourd'hui, je lis dans le récit de Jean : *Jésus, sachant que son heure était venue de passer de ce monde vers le Père... sachant que le Père lui avait tout remis entre les mains, qu'il était venu de Dieu et qu'il s'en allait vers Dieu...* (Jean 13,1-3).

Ainsi donc, si j'en crois Jean - et pourquoi ne le croirai-je pas ? - Jésus savait. Il savait que ce soir devait être le dernier, ou l'un des derniers, qu'il allait passer avec ses disciples.

Certes il ne fallait pas être un grand devin, pour prévoir qu'à la suite de toutes ses violations graves de la Loi, qui, aux yeux des Pharisiens et des Sadducéens, mettaient la religion juive en péril, et donc l'existence même du Peuple juif, il serait éliminé physiquement un jour ou l'autre. Caïphe, le grand'prêtre, l'avait dit : *Il est de votre intérêt qu'un seul homme meure pour le peuple et que la nation ne périsse pas tout entière*" (Jean 11,50). Mais nul ne pouvait croire que cette mort particulière aurait une portée universelle, cosmique. Et pourtant Lui le croyait. A tel point que c'est de son propre gré qu'il entreprit de prendre la route de Jérusalem. A tel point qu'il ne craignit pas de laisser Judas le livrer. A tel point qu'il interdit à ses disciples de le protéger. Et qu'il accepta la mort. Par amour pour son Père. Par amour pour les hommes. Sa mort, comme un pont entre l'Eternel et les hommes. *Ma vie, nul ne la prend, mais c'est moi qui la donne…*

Sur le coup, cette mise à mort ne fut pas comprise par ses disciples, qui se débandèrent, pour se retrouver plus tard entre eux dans une maison dont ils fermèrent les portes à clé… *car ils avaient peur des Juifs…* Ce n'est que dans la fulgurance de la résurrection qu'ils réalisèrent à quel point cette mort avait été unique, et sa portée universelle. Et qu'ils ouvrirent leurs portes.

La portée de cette mort n'est toujours pas comprise par des millions d'hommes dans le monde. Des millions d'hommes et de femmes pour qui Jésus est certes un personnage extraordinaire, mais tout autant que le Bouddha, Lao-Tseu ou Mohammed.

Jésus a fait sous les yeux de ses disciples encore beaucoup d'autres signes, qui ne sont pas écrits dans ce livre. Ceux-là ont été mis par écrit, pour que vous croyiez que Jésus est le Christ, le Fils de Dieu, et pour qu'en croyant vous ayez la vie en son nom. (Jean 20,30-31)

Je crois que Jésus, envoyé de Dieu auprès des hommes, a montré aux hommes le chemin vers Dieu… *pour qu'ils soient unis à sa divinité à lui, qui a pris notre humanité*. La vie a gagné. L'Espérance a vaincu la mort.

ÊTRE PRÊTRE... ÇA M'ÉTONNE (Jeudi-Saint)

Je suis prêtre... et ça m'étonne !

Depuis près de cinquante années que j'ai été ordonné, j'ai toujours en moi le même étonnement: je suis prêtre ! Je suis l'un de ceux pour qui j'avais tant de respect lorsque j'étais enfant. Je suis celui qui a reçu pouvoir de présider la communauté et qui représente le Christ lorsqu'elle est assemblée, lorsqu'elle est l'Eglise. Je suis celui qui a mission de dire une Parole de Dieu. Je suis celui qu'on vient voir pour lui demander conseil, celui qui reçoit des confidences qu'on ne fait à personne d'autre, et qui a la possibilité, le pouvoir de sécuriser les croyants et de leur redonner confiance en la vie, en faisant pour eux les actes et les gestes du Christ.

Oui, vraiment, être prêtre, ça m'étonne !

Ca m'étonne qu'un homme puisse être et faire cela. Et ça m'étonne encore plus que cet homme soit moi ! Car je me connais assez bien, depuis le temps que je vis avec moi. Je sais que je ne suis qu'un homme, et pas parmi les meilleurs. Je sais que je suis pécheur, comme les autres. Je sais que, parmi les croyants et parmi ceux qui ne partagent pas la foi des chrétiens, il y en a de meilleurs que moi. Et je constate que, quelquefois, certains n'hésitent pas à me l'envoyer en pleine figure, plus ou moins poliment, et sans y mettre toujours les formes !

Ca m'étonne qu'un prêtre, ce soit ça ! et ce soit moi !

Pour représenter le Christ, pour accomplir les mystères de Dieu, pour présider la communauté des croyants fondée par le Christ et assemblée en son nom, l'Eglise, il faudrait des hommes parfaitement intègres, parfaitement honnêtes, entièrement donnés, totalement purs. Et non pas des gens comme moi, des pécheurs. L'incorporation au corps du Christ par le Baptême, c'est un grand mystère. L'Eucharistie, mémorial de la mort et de la résurrection, c'est un grand mystère (*"Il est grand le mystère de la foi"*); le Pardon de Dieu signifié dans le sacrement, c'est un grand mystère. Et tous les autres sacrements sont des grands mystères ! On ne devrait en confier la célébration qu'à des êtres parfaits. Et d'ailleurs beaucoup de gens pensent ainsi, qui désireraient des êtres parfaits pour incarner et représenter la perfection de Dieu.

Mais alors ça m'étonne que Jésus n'ait pas été un homme parfait. Pour représenter le Père (*Notre Père qui es aux cieux*) il aurait fallu quelqu'un comme le Père. Demandez donc à un juif, comme je l'ai fait un jour à un rabbin, ce qu'il pense de Jésus de Nazareth : "*C'est un profanateur, un perturbateur; il ne suivait pas à la lettre les préceptes de la Loi, il allait avec les publicains et les pécheurs publics* ". A quoi j'ajouterai qu'il a eu un jour cette répartie que je n'oserai jamais reprendre en public pour vous, mes frères et mes sœurs : *Les publicains et les prostituées vous précéderont dans le Royaume des cieux* ! Sans parler de ce geste d'emportement contre les braves marchands du Temple, qu'il a privés ce jour-là de leur gagne-pain…

C'est vrai. En ce monde, nul ne saurait être parfait. C'est pourquoi ça m'étonne moins d'être le prêtre que je suis ! Nous sommes l'Eglise de l'Incarnation. Nous croyons que le Père a voulu être représenté par des êtres humains, et non pas par des anges; par des pécheurs et non par des parfaits. Ce n'est pas des êtres parfaits qu'il appelle à être prêtres, ni des êtres désincarnés à être chrétiens; mais nous, comme nous sommes, qu'il appelle tous à la sainteté. Il nous appelle tous à penser ce qu'il pense, à dire ce qu'il dit, à désirer ce qu'il désire… Il nous appelle tous à être des Justes.

Mais quand même, être prêtre, ça m'étonne !

PÂQUES

L'ESPOIR ET L'ESPÉRANCE (disciples d'Emmaüs)

Ils avaient chemin, des années avec Lui.
Ils l'avaient admiré purifiant les lépreux,
Guérissant les malades, réanimant les morts,
Pardonnant les péchés et chassant les démons.

Ils avaient chemin, des années avec Lui.
Ils l'avaient entendu proclamer le bonheur
Et la Libération pour les emprisonnés,
L'Amour et la Justice et la Terre nouvelle.

Ils avaient chemin, des années avec Lui.
Ils avaient mis en Lui tout leur espoir humain,
Et tout leur idéal, car Il leur avait dit :
C'est bientôt qu'adviendra la Règne de mon Père.

Et puis un Vendredi d'orage et de tonnerre,
Trois croix s'étaient dressées, et la sienne au milieu.
Et l'agonie du Fils avait été la leur,
Car ils l'avaient vu mort... irrémédiablement.

Sa mort était la mort de leurs espoirs humains.
Avaient-ils donc rêvé ? Ils ne comprenaient plus !

Mais le troisième jour, quelqu'un croisa leur route.
- " Pourquoi ces mines tristes et cet air affligé ? "
- " Notre Espérance est morte et mort notre idéal.
Se serait-il trompé ? Nous aurait-il trompés ? "

- " Hommes de peu de foi, vous n'avez rien compris ! ".
C'est alors qu'il reprit avec eux l'aventure
De ces années passées. Il relut l'Ecriture,
Et leur ouvrit les yeux, et ils le reconnurent.

Oui, le Crucifié était ressuscité,
Et avec Lui la mort venait d'être vaincue.
Ils comprirent enfin qu'ils avaient confondu
La vertu d'Espérance avec l'espoir humain.

C'est ainsi qu'il en va de nos petites vies !

Tu passes des années à bâtir des projets,
A tout imaginer, le présent, l'avenir,
Les lendemains radieux et la Terre nouvelle.
Et tu investis tout dans un espoir humain.

Puis un jour, terrifié, te surprend la tempête,
Qui t'emporte inconscient et te laisse blessé.
Et tu touches le fond, le fond du désespoir,
Pourtant, ce jour enfin peut surgir l'Espérance.

Si alors tu refuses la résignation,
Si tu te lèves enfin, si tu reprends la route,
Peut-être quelque part, Il te rencontrera.
Mais tu mettras du temps à croire en Sa Présence !

Peu à peu, pas à pas, Il reprendra ta vie,
Comme un bon artisan il retissera tout,
Tu verras enfin clair, tu Le reconnaîtras,
Mais comme en un brouillard, car il te manquera

De manger à Sa table, ensemble avec ses frères,
Qui sont aussi tes frères, invités comme toi.
Et c'est en partageant le vin, le pain de vie,
Que tes yeux s'ouvriront définitivement.

Et c'est Lui qui pourra révéler l'Esp,rance
Née du matin de Pâques, et qui dormait en toi,
L'Espérance plus forte que tout espoir humain,
Capable de combler les attentes cruelles.

Car pour nous, le sais-tu, tu portes l'Espérance !

Fait d' HISTOIRE ou simple CONVICTION (PAQUES)

Le premier jour de la semaine, de grand matin,
les femmes se rendirent au sépulcre,
portant les aromates qu'elles avaient préparés.
Elles trouvèrent la pierre roulée sur le côté du tombeau.
Elles entrèrent, mais ne trouvèrent pas le corps du Seigneur Jésus.
Elles ne savaient que penser, lorsque deux hommes se présentèrent à elles,
avec un vêtement éblouissant. Saisies de crainte,
elles baissaient le visage vers le sol.
Ils leur dirent : « Pourquoi cherchez-vous le Vivant parmi les morts ?
Il n'est pas ici, il est ressuscité.
Rappelez-vous ce qu'il vous a dit quand il était encore en Galilée :
Il faut que le Fils de l'homme soit livré aux mains des pécheurs,
qu'il soit crucifié
et que, le troisième jour, il ressuscite.' »
Alors elles se rappelèrent ses paroles.
Revenues du tombeau, elles rapportèrent tout cela aux Onze
et à tous les autres.
C'étaient Marie Madeleine, Jeanne, et Marie mère de Jacques ;
les autres femmes qui les accompagnaient
disaient la même chose aux Apôtres.
Mais ces propos leur semblèrent délirants, et ils ne les croyaient pas.
Pierre cependant courut au tombeau ; mais en se penchant,
il ne vit que le linceul.
Il s'en retourna chez lui, tout étonné de ce qui lui était arrivé.
(Luc 24, 1-12)

Du Big Bang originel jusqu'à la neuvième heure du 7 avril de l'an 30, tout se tient, tout s'explique, tout se comprend, tout s'enchaîne parfaitement…

Du jour où les disciples, libérés de la peur, décidèrent de partir afin de proclamer partout la re-surrection de Jésus par-delà la mort, et son message, jusqu'à aujourd'hui, tout se tient, tout s'explique, tout se comprend, tout s'enchaîne parfaitement…

Mais entre les deux, entre l'heure de la mort du Christ, et l'heure où ses disciples ont la conviction qu'il a vaincu la mort, il y a un vide historique. Nul ne peut dire ce qu'il est advenu du corps de Jésus. Nul ne peut dire où il est, ni comment il est. Quelqu'un était là lorsqu'on déposa le corps dans le tombeau. Deux jours après, quelqu'un était là pour constater que ce tombeau était vide. Mais entre ces deux moment, personne n'était présent !

Une seule certitude historique : après qu'il eut expiré, Pilate avait autorisé Joseph à déposer le corps dans une grotte qui lui appartenait.

Certes les disciples ont tenté d'expliquer à ceux qui n'en avaient pas été témoins, cette re-surrection de Jésus par-delà la mort. Mais si maladroitement qu'on ne peut rien en tirer, car leurs comptes-rendus sont différents. Pour l'un, Pierre et Jean ont vu " le tombeau vide, et le linceul posé là, avec les bandelettes", et leur conviction a été faite. Pour l'autre, les femmes ont également vu le tombeau vide, mais ont eu peur d'en parler. Pour un autre, ces mêmes femmes passent pour folles devant les disciples qui ne veulent pas les croire. Pour un autre, Marie de Magdala a vu quelqu'un, qui était Jésus, mais qu'elle a pris pour le jardinier du Golgotha. Pour un autre, Jésus est entré toutes portes fermées. Pour un autre encore, il a disparu de leur regard à Jérusalem, le soir même du troisième jour, après leur avoir transmis son Esprit. Pour un autre, cette disparition a eu lieu en Galilée, à 200 kilomètres de Jérusalem, quarante jours après; et dix jours après, à Jérusalem cette fois, ils reçoivent l'Esprit. Pour un autre enfin, deux disciples ont rencontré un inconnu, qu'ils ont reconnu être Jésus, mais au moment même où il disparaissait de leur regard.

Point commun à tous : le premier jour de la semaine, soit le troisième après sa mise au tombeau, celui-ci était vide... Point ! Barre !

Tout cela pour dire que la résurrection de Jésus n'est pas un fait historique, mais tout simplement une conviction personnelle, partagée par plusieurs. C'est pourquoi elle est affirmée par certains, et niée par d'autres. Ceux qui l'affirment comme ceux qui la nient se fondent sur leur seule conviction. Nul ne peut dire que tel a raison ni que tel a tort.

Tout cela pour dire également que notre foi ne doit pas être confondue avec une certitude scientifique, fondée sur des faits considérés comme certains, après l'analyse sérieuse de documents différents, vérifiés et recoupés. Notre foi est de l'ordre de la conviction personnelle, née de la confiance que nous faisons aux récits évangéliques, d'une part; et surtout de la confiance que nous faisons à ceux qui nous les ont transmis, et dont la vie a été changée.

Car c'est la foi qui donne du sens à notre vie !

RESURRECTION …? MYSTERE…! (PAQUES)

Le premier jour de la semaine,
Marie Madeleine se rend au tombeau de grand matin,
alors qu'il fait encore sombre.
Elle voit que la pierre a été enlevée du tombeau.
Elle court donc trouver Simon-Pierre et l'autre disciple,
celui que Jésus aimait,
et elle leur dit : « On a enlevé le Seigneur de son tombeau,
et nous ne savons pas où on l'a mis. »
Pierre partit donc avec l'autre disciple pour se rendre au tombeau.
Ils couraient tous les deux ensemble,
mais l'autre disciple courut plus vite que Pierre
et arriva le premier au tombeau.
En se penchant, il voit que le linceul est resté là ; cependant il n'entre pas.
Simon-Pierre, qui le suivait, arrive à son tour.
Il entre dans le tombeau,
et il regarde le linceul resté là,
et le linge qui avait recouvert la tête, non pas posé avec le linceul,
mais roulé à part à sa place.
C'est alors qu'entra l'autre disciple, lui qui était arrivé le premier au tombeau.
Il vit, et il crut.
Jusque-là, en effet, les disciples n'avaient pas vu que, d'après l'Écriture,
il fallait que Jésus ressuscite d'entre les morts.
Jean 20, 1-9

Le linceul : une seule pièce de tissu, sur laquelle on allonge le cadavre, et qu'on rabat ensuite en passant par-dessus la tête.

Les bandelettes : une autour du cour, pour maintenir la tête couverte; une autre autour des hanches, pour maintenir les bras le long du corps; la troisième autour des chevilles, pour maintenir les jambes.

Jean et Pierre arrivent au tombeau. Que voient-ils ? Le linceul est toujours à l'endroit où on avait déposé le cadavre de Jésus, comme s'il contenait encore le corps; les bandelettes entourent encore le linceul, elles n'ont pas été bougées. Mais le cadavre a disparu…

Si ce cadavre était sorti par ses propres forces, les bandelettes auraient été bougées, et le linceul serait défait…

Si on avait enlevé le cadavre, on aurait dénoué les bandelettes, et le linceul aurait aussi été défait…

Restent donc deux hypothèses :
- ou bien on a enlevé le cadavre, et on a bien pris soin de tout remettre en place... mais il ne faut pas oublier que le tombeau était gardé...
- ou bien... mystère !

Oui, MYSTERE ! au sens vrai de ce terme. Ce qui était caché, incompréhensible, vient d'être révélé, mais n'est accessible que dans la foi, à ceux-là seuls qui acceptent de faire le saut dans l'inconnu de la confiance à la Parole de Jésus.

Le Saint-Suaire de TURIN. Est-il le vrai linceul qui a enveloppé le cadavre de Jésus ? Ou bien est-ce un faux ? Ou bien encore est-il le vrai linceul qui a enveloppé le cadavre d'un autre crucifié ? On ne sait pas !

Il n'y a en effet aucune "preuve" que Jésus ait été relevé d'entre les morts. Tout au plus existent des "signes". C'est-à-dire que nul ne saura jamais de façon certaine, indubitable, scientifique, preuves matérielles à l'appui, si Jésus est resté mort, ou s'il a accédé, par-delà la mort, à la vie en plénitude.

La résurrection de Jésus est un MYSTERE. Pour en admettre la réalité, il faut auparavant croire en sa possibilité. Pour en admettre la vérité, il faut auparavant faire confiance dans la parole de ceux qui en affirment la réalité. Mais des pistes de réflexion et d'action insoupçonnées s'ouvrent devant celui qui y croit.

Car alors, la mort n'est pas la fin de tout. Car alors la vie n'est pas seulement ce que nous en voyons. Car alors le corps n'est pas seulement ce que nous en connaissons et la matière est autre que ce que nous en voyons, puisque Jésus re-suscité à la vie, n'est plus le même qu'avant sa mort...

Pour moi, j'affirme qu'il est aussi raisonnable, ou déraisonnable, de croire dans la possibilité de la résurrection, que d'affirmer son inexistence.

LE SENS et LA PROPHETIE (PAQUES)

Ce qu'il s'est passé depuis la naissance de Jésus, en –6, jusqu'à sa mort en croix, le 7 avril 30, c'est du domaine de l'Histoire. Nul, à moins d'être de mauvaise foi, ne remet aujourd'hui en question l'existence historique de ce Jésus, né à Bethléem, ayant demeuré à Nazareth, mort à Jérusalem.

Ce qu'il s'est passé depuis la sortie des disciples de Jésus jusqu'à l'Eglise d'aujourd'hui, c'est du domaine de l'Histoire. Nul ne conteste aujourd'hui le rôle primordial joué par les Eglises chrétiennes dans l'évolution du monde.

Mais entre le moment où le cadavre de Jésus fut mis au tombeau, jusqu'au moment où ses disciples ouvrirent leurs portes et partirent partout dans le monde, que s'est-il passé ? Nul n'en sait rien. Nul n'a rien vu. L'Histoire n'en dit rien. Place à la Foi. Place à la Confiance envers ceux qui furent les premiers témoins.

Et pourtant, nous disons que Jésus a été re-suscité à la vie par-delà la mort. Et nous le croyons. Et, pour nous, c'est vrai. Certes, pour moi aussi - je devrais dire : Pour moi, bien plus - cette re-suscitation à la vie est bien vraie... mais j'ignore tout de sa réalité. Que s'est-il produit ? Comment cela s'est-il produit ? Quand cela s'est-il produit ? Je l'ignore. Et vous aussi. Et les rédacteurs des récits évangéliques aussi. Ils ont constaté les effets de cette re-suscitation à la vie, mais nul n'était présent au moment où elle s'est produite. Ils n'ont vu les lieux, les choses et lui-même qu'après. Et aucun des quatre ne raconte les mêmes évènements de la même façon. Mais leur vie, par la suite, en a été toute bouleversée.

Personnellement, j'aime bien le témoignage de Jean. Avec Pierre, il entre dans le tombeau, il voit le linceul qui recouvrait le cadavre, et les bandelettes nouées qui permettaient de le transporter. Le linceul est étendu à terre, les bandelettes sont restées nouées à leur emplacement, mais le cadavre a disparu. Et tout, pour Jean, se passe en un éclair, une fulgurance. *Il vit et il crut. En effet, ils ne savaient pas encore que, d'après l'Ecriture, il devait ressusciter d'entre les morts.* (Jean 20,8-9). Jusque là il lisait dans l'Ecriture le récit des évènements du passé, comme il aurait pu les lire dans un manuel d'Histoire. A partir de maintenant, il comprend que tout ce qui s'est passé auparavant était prophétique de ce qui vient de se passer. Le sacrifice d'Isaac par Abraham ? Prophétique du sacrifice de Jésus. Le passage de la mer ? Prophétique du baptême chrétien. L'enlèvement d'Elie ? Prophétique de la résurrection de Jésus. Le royaume de David ? Prophétique du Royaume de Dieu annoncé et inauguré par Jésus. Et cette résurrection de

Jésus dont il vient de constater les signes ? Prophétique de sa propre résurrection et de celle de tous ceux qui mourront dans le Christ.

Les catéchumènes qui reçoivent le baptême au cours de cette célébration de la Résurrection vont eux aussi vivre une action prophétique. A la suite d'une illumination personnelle, ou d'un appel, ou d'une rencontre, ils ont découvert que leur vie, dans le Christ, pouvait prendre du sens. Et ils ont cherché. Depuis deux ou trois ans, ensemble, ils cheminent. Eclairés par le témoignage de croyants, et par la Parole de Dieu lue et réfléchie ensemble, ils ont approfondi leur illumination première, et ont découvert la lumière de la Foi. Ils en sont venus à solliciter de l'Eglise, c'est-à-dire de l'Evêque, le privilège de recevoir les trois sacrements de l'Initiation chrétienne : Baptême et Confirmation et Eucharistie.

Par le Baptême, ils seront officiellement membres de l'Eglise, Corps du Christ, présence vivante et agissante du Christ dans le monde des humains. Par la Confirmation, qu'ils recevront des mains d'un prêtre mandaté par l'Evêque, ils recevront mission de faire advenir le Règne de Dieu dans le monde des humains. Par leur participation à la célébration de l'Eucharistie, ils deviendront signe prophétique du monde des humains rassemblé autour de Dieu à la fin des temps.

Bref, ils vont être re-suscités à la vie de Dieu. Avec le Christ. Comme le Christ. Par le Christ. Ils ont accepté de faire confiance aux témoins. Ils reçoivent mission d'être témoins du Christ re-suscité à la Vie.

C'est à une certaine étape de l'histoire leur vie qu'ils reçoivent ces trois sacrements. Mais c'est par ces trois sacrements que leur vie va prendre du sens. Et le sens que leur vie va prendre échappe à toute rationalité historique.

TU SERAS HEUREUX MON FRÈRE (PAQUES)

Ils n'y croyaient pas,
Ils ne pouvaient pas y croire,
C'était trop incroyable, Trop extravagant,
Trop incompréhensible,
Hors des catégories de leur pensée,
Hors de leurs possibilités d'imaginer le réel...

Bien sûr, il leur avait dit des choses :
- *Le Fils de l'homme doit beaucoup souffrir,*
être rejeté par les anciens, les grands prêtres et les scribes,
être tué et, après trois jours, ressusciter...(Marc 8, 31)
- *Il faut que le Fils de l'homme soit livré aux mains des pécheurs,*
qu'il soit crucifié, et qu'il ressuscite le 3ème jour ... (Luc 24, 7)
Mais ils n'avaient retenu qu'une chose,
une seule chose, celle qu'ils pouvaient comprendre,
parce qu'elle était malheureusement bien compréhensible,
bien accessible à leurs petites intelligences d'hommes simples :
il acceptait la perspective de la mort;
non pas de la mort dans un lit entouré des siens,
la mort calme, la mort courante, la mort simple et tout ordinaire,
mais la perspective de la mort des blasphémateurs,
de ceux qui refusent de se soumettre à la Loi.

Cela, ils l'avaient malheureusement bien compris,
même s'ils avaient du mal à l'admettre,
car ils avaient peur d'être embarqués avec lui,
puisque, après tout, eux aussi, avec lui, avaient désobéi à la Loi.
Et le soir où il fut arrêté, ils s'enfuirent tous, pris de panique,
la peur au ventre,
tremblants d'être découverts et reconnus comme ses disciples :
- *Je le jure,* avait dit Pierre, *je ne connais pas cet homme-là.*
- *Mais pourtant, tu parles avec le même accent que lui ?*
- *Je vous jure que je ne le connais pas, je ne l'ai jamais vu,*
c'est la première fois que je le rencontre.
Est-ce que j'ai une tête à être de ses disciples ?

Ressusciter d'entre les morts ...
Revenir du séjour des morts ...
Sortir du tombeau avec son corps ...
Reprendre une vie normale après avoir été cadavre ...
- *On n'a jamais vu personne revenir du séjour des morts*

- disait le Livre de la sagesse.
- *Quand on est mort, c'est pour longtemps* dit la sagesse populaire.
Alors, le matin du troisième jour,
lorsque les femmes vinrent leur dire que le tombeau était vide,
ils ne les crurent pas,
parce qu'ils ne pouvaient pas les croire,
parce qu'ils ne voulaient pas les croire,
parce que c'était hors de leur représentation du monde,
parce qu'il fallait être complètement cinglé
pour croire des choses comme cela...
cela ne pouvait être qu'une histoire de bonnes femmes !

Mais les femmes non plus n'y croyaient pas...
Elles disaient ce qu'elles avaient vu, et rien d'autre, le tombeau était vide...
point c'est tout, mais peut-être qu'on avait enlevé son corps,
qu'on avait dérobé son cadavre...
Pourquoi ? Mystère !

Alors Simon et Jean,
le plus trouillard et le plus intrépide, le plus vieux et le plus jeune,
la tête de caillou et le plus subtil le plus réaliste et le plus mystique,
tous deux partent au tombeau.
Et Jean regarde... Et Pierre regarde ...
Et leur regard change ... Et leur regard est éclairé ...
Et ils comprennent ...
Et tout s'éclaire pour eux ...
Et ils y croient ...
Et ils reviennent tous deux vers les autres.
C'est vrai Il est vivant.
Bien plus vivant qu'avant.

Et c'est parce qu'ils croient qu'ils le verront.
Et c'est parce qu'ils le verront qu'ils oseront vaincre leur peur.
Et qu'ils iront jusqu'aux extrémités du monde.

Toi aussi, mon frère, si tu crois, tu verras !
Des choses que tu n'espérais pas voir.
Des choses que d'autres ne voient pas.
Des choses que d'autres ne croient pas.
Et on dira que tu es un idéaliste, un illuminé, un rêveur.
Qu'importe, tu seras heureux, mon frère !

PENTECÔTE

MA SŒUR, MA COUSINE, MA VOISINE… (PENTECOTE)

Lorsque Paul arrive à Corinthe, vers l'année 50, soit environ quinze années après la mort-résurrection de Jésus, il est à la fois émerveillé et épouvanté. Epouvanté par l'immensité de cette ville de près de 400.000 habitants, dont 2 à 300.000 esclaves. Epouvanté et émerveillé par le gigantisme de ce port, par où transitent toutes les marchandises et toutes les turpitudes du Bassin méditerranéen. Emerveillé par le fameux "diolkos", cette immense rampe sur laquelle sont hissés les navires, tirés ensuite à bras d'hommes, pour les faire transiter du port est au port ouest.

Et Paul, jeune converti, commence à parler à ceux qui veulent bien l'entendre de la vie, de la mort et de la résurrection de Jésus, de son message d'amour universel, de sa bonne nouvelle de libération, qu'il accompagne de son témoignage personnel. Et beaucoup le rejoignent : des juifs hellénisés et des Grecs d'origine, des hommes et des femmes avec des familles entières, des hommes libres et des esclaves. Et Paul évangélise. Et Paul baptise. Et chaque premier jour de la semaine, le groupe se réunit chez l'un ou chez l'autre pour célébrer le Christ comme Seigneur, et pour rendre grâce à Dieu de leur avoir fait découvrir le Christ.

Mais dans cette communauté un peu hétérogène et hétéroclite, les différences sociales et culturelles se font jour. Et Paul se fâche : *Je n'ai pas à vous louer de ce que vos réunions tournent non pas à votre bien, mais à votre détriment. Car j'apprends tout d'abord que, lorsque vous vous réunissez en assemblée, il se produit parmi vous des divisions, et je le crois en partie. Il faut bien qu'il y ait aussi des scissions parmi vous, pour permettre aux hommes éprouvés de se manifester parmi vous. Lors donc que vous vous réunissez en commun, ce n'est plus le Repas du Seigneur que vous prenez. Dès qu'on est à table en effet, chacun prend d'abord son propre repas, et l'un a faim, tandis que l'autre est ivre.* (1 Corinthiens 11, 17-20). Et pour bien enfoncer le clou, il leur rappelle, à sa façon, la fable d'Esope : "Les membres et l'estomac", dans laquelle les membres méprisent l'estomac à cause de la fonction qu'il remplit, sans se rendre compte que c'est la nourriture transformée par l'estomac qui donne vigueur à chacun des membres. Il leur dit que la communauté des croyants est analogue à un corps, dont le Christ serait la tête, et dont chacun serait un membre. *De même, en effet, que le corps est un, tout en ayant plusieurs membres, et que tous les membres du corps, en dépit de leur pluralité, ne forment qu'un seul corps, ainsi en est-il du Christ. Aussi bien est-ce en un seul Esprit que nous tous avons été baptisés en un seul corps, Juifs ou Grecs, esclaves ou hommes libres, et tous nous avons été abreuvés d'un seul Esprit.* (1 Corinthiens 12, 12-14).

Cet enseignement est fondamental et essentiel pour les croyants de Corinthe comme pour chacun d'entre nous.

Fondamental au niveau théologique : l'Eglise n'est pas qu'une organisation, ou qu'un peuple; elle est un corps, un tout, un ensemble cohérent, animé par l'Esprit du Christ. L'Eglise, c'est le Christ continué.

Fondamental au niveau moral : nul croyant ne peut mépriser tel ou tel frère, sous prétexte qu'il est différent.

Fondamental au niveau politique : nul ne peut dire : *Je préfère ma sœur à ma cousine, ma cousine à ma voisine, et ma voisine à une étrangère*. La société que nous désirons construire est forcément pluriethnique, pluriculturelle, multiraciale, universelle... et l'Eglise peut en être une préfiguration. Mon prochain n'est pas celui que la naissance a fait proche de moi, mais, à l'exemple du Christ, celui dont je me fais proche.

PARACLET – AVOCAT – ASSISTANT (PENTECOTE)

À l'heure où Jésus passait de ce monde à son Père, il disait à ses disciples :
« Si vous m'aimez, vous resterez fidèles à mes commandements.
Moi, je prierai le Père, et il vous donnera un autre Paraclet
(=Défenseur – Traducteur)
qui sera pour toujours avec vous :
l'Esprit de vérité.

Si quelqu'un m'aime, il restera fidèle à ma parole ;
mon Père l'aimera, nous viendrons chez lui,
nous irons demeurer auprès de lui.
Celui qui ne m'aime pas ne restera pas fidèle à mes paroles.
Or, la parole que vous entendez n'est pas de moi :
elle est du Père, qui m'a envoyé.
Je vous dis tout cela pendant que je demeure encore avec vous ;
mais le Défenseur, l'Esprit Saint que le Père enverra en mon nom,
lui, vous enseignera tout,
et il vous fera souvenir de tout ce que je vous ai dit. »
(Jean 14, 15-16, 2326)

L'évangile de Jean, parlant de l'Esprit que Jésus a laissé à ses disciples, emploie le substantif grec de "paraclet".
PARA-CLET en langue grecque – AD-VOCATUS en langue latine : qu'est-ce-à dire ? qui est cette acteur dont Jean est seul à nous parler ?

Première signification : A l'époque de Jésus, chaque shabbat, dans les synagogues de Palestine, on lisait un ou plusieurs textes bibliques. Ce texte était lu, soit par le responsable de la prière, soit par un invité qu'on savait versé dans les Ecritures. C'est ainsi que Jésus fut invité à lire un texte d'Isaïe dans la synagogue de Nazareth (Luc 4, 16 suivants). Ce texte était lu dans la langue dans laquelle il avait été écrit, c'est-à-dire en hébreu. Or les contemporains de Jésus, en Galilée, ne parlaient que l'araméen, et ne comprenaient pas l'hébreu. Il fallait donc que quelqu'un le leur traduise, ou plutôt le leur interprète. Cet assistant, qu'on appelait pour cette tâche d'interprétation, on l'appelait en grec un "para-clet". Et cette interprétation, on la nommait un "targum". Je dis bien "interprétation", car il ne s'agissait pas de traduction littérale. Le paraclet pouvait très bien gloser pendant un quart d'heure sur une seule phrase, et passer ensuite les deux pages suivantes sans en rien dire ! Le jour où Jésus fut invité à lire le texte d'Isaïe, il le traduisit et l'interpréta. Et, le moins qu'on puisse dire, c'est que son interprétation ne fut pas du goût de tout le monde, puisqu'on voulut le précipiter du haut de la falaise...

Deuxième signification, plus proche de nous: dans tout procès, depuis les temps les plus reculés, tout accusé a droit à un avocat, en latin : ad-vocatus,: "celui qui est appelé auprès" (sous-entendu de l'accusé). Sa fonction est d'assurer la défense de l'accusé.

Troisième signification : le substantif "para-clet" peut encore désigner la personne qui a été désignée, ou qui est venue de sa propre initiative pour aider une autre personne dans l'accomplissement de sa tâche. Nous dirions aujourd'hui un "assistant" ou un "assesseur".

Dire de l'Esprit de Jésus qu'il est un paraclet, c'est dire ces trois choses ensemble :

" *Lorsque viendra l'Esprit de vérité, il vous fera accéder à la vérité tout entière. Car il ne parlera pas de sa propre initiative, mais il dira ce qu'il entendra et il vous communiquera tout ce qui doit venir*"- "*Tout ce que possède mon Père est à moi; c'est pourquoi j'ai dit qu'il vous communiquera ce qu'il reçoit de moi*".. L'Esprit de Jésus, c'est l'interprète que le Père nous donne pour relire et comprendre les paroles de Jésus, qui sont pour nous les paroles mêmes de Dieu.

" *Par sa venue, il confondra le monde en matière de péché, de justice et de jugement*" : l'Esprit de Jésus, c'est l'avocat que le Père nous donne pour nous défendre, non pas comme si nous étions coupables, mais pour bien nous convaincre et convaincre les autres que nous sommes dans le vrai, et que le péché consiste, non pas à ne pas respecter la lettre de la Loi, mais à ne pas suivre l'Esprit du Christ. Ou, à l'inverse, nous convaincre que la conduite juste et vraie consiste à suivre, non plus la lettre seule de la Loi, mais la Lettre avec l'Esprit qui la sous-tend, puisqu'elle est la Loi de Dieu.

En fin de compte, qui est donc cet Esprit, qui vient du Père, qui est dans le monde et en chacun de nous ?

Je ne saurai dire qui il est, et nul ne saurait le dire, car Dieu échappe à toute définition. Mais je dirai comment on le reconnaît.

L'Esprit est là où se dit, là où se fait la vérité : *Que votre OUI soit OUI, que votre NON soit NON* ! Là où l'on s'aime.

L'Esprit est là où l'on cherche à approfondir les paroles de Jésus, et à en découvrir la signification.

L'Esprit est là où s'exerce la Liberté. Où l'on agit librement, et où l'on permet à d'autres de le faire également.

L'Esprit est là où s'accomplissent la Justice et le Bonheur. Là où se trouvent des gens heureux. Là où l'on travaille au bonheur des hommes.

L'Esprit est là où des gens manifestent ouvertement leur confiance dans la Parole de Dieu qui libère.

Celui qui est fidèle à ses convictions, agit selon ces convictions, ne craint pas de les exprimer calmement, sans contraindre les autres à le suivre, mais s'efforçant d'éclairer leur route; quelles que soient ces convictions, l'Esprit de Dieu est avec lui.

UNE ARDENTE CONVICTION (PENTECOTE)

Quand arriva la Pentecôte (le cinquantième jour après Pâques), ils se trouvaient réunis tous ensemble.
Soudain il vint du ciel un bruit pareil à celui d'un violent coup de vent : toute la maison où ils se tenaient en fut remplie.
Ils virent apparaître comme une sorte de feu qui se partageait en langues et qui se posa sur chacun d'eux.
Alors ils furent tous remplis de l'Esprit Saint : ils se mirent à parler en d'autres langues, et chacun s'exprimait selon le don de l'Esprit.
Or, il y avait, séjournant à Jérusalem, des Juifs fervents, issus de toutes les nations qui sont sous le ciel.
Lorsque les gens entendirent le bruit, ils se rassemblèrent en foule.
Ils étaient dans la stupéfaction parce que chacun d'eux les entendait parler sa propre langue.
Déconcertés, émerveillés, ils disaient :
« Ces hommes qui parlent ne sont-ils pas tous des Galiléens ?
Comment se fait-il que chacun de nous les entende dans sa langue maternelle ?
Parthes, Mèdes et Élamites, habitants de la Mésopotamie, de la Judée et de la Cappadoce,
des bords de la mer Noire, de la province d'Asie, de la Phrygie, de la Pamphylie,
de l'Égypte et de la Libye proche de Cyrène, Romains résidant ici, Juifs de naissance et convertis, Crétois et Arabes,
tous nous les entendons proclamer dans nos langues les merveilles de Dieu.
(Actes des Apôtres 2, 1-11)

Ce vendredi soir, veille de la Pâque, après avoir déposé le corps de Jésus dans le tombeau de Joseph d'Arimathie, Jean, accompagné de Marie, rejoignit les dix au lieu où il savait les trouver. Car ils s'étaient enfuis et l'avaient abandonné lorsqu'ils avaient compris que le sort de leur Maître était scellé, et que personne ne pourrait plus arrêter la machine judiciaire. Ils s'étaient donné rendez-vous dans la maison où ils avaient pris avec lui le repas rituel. Le propriétaire était un ami; il ne les trahirait pas. Ils avaient bien pris soin de ne pas se faire repérer, et avaient fermé la serrure à double tour, car ils avaient peur des autorités juives.

Que pourrait-il se passer pour eux maintenant ? On les avait vus accompagner Jésus depuis plusieurs années. Et Jésus avait été exécuté comme terroriste, ainsi que l'attestait l'inscription au-dessus de sa croix : *Jésus de Nazareth, roi des Juifs !* Si donc on les découvrait, ils risquaient l'arrestation et la condamnation au prétexte qu'ils avaient aidé Jésus à prendre le pouvoir. Il leur fallait donc se cacher quelques temps en un lieu sûr, puis disparaître de la circulation et rejoindre ensuite la Galilée, où ils seraient en pays connu.

Ils se remémoraient les moments intenses vécus avec Jésus : les foules qui l'avaient acclamé, les journées et les nuits passés en sa compagnie à l'écouter parler du Règne de Dieu, à l'entendre raconter des paraboles. Son entrée triomphale dans Jérusalem. Les rencontres. Son attitude envers les pauvres et les petits. Son enseignement si différent de celui des scribes et des pharisiens... Le dernier repas : *Voici mon corps livré... Voici mon sang versé*. Et surtout son regard ! ... Comme s'il voyait l'invisible !... Ils avaient cru qu'il était le Messie, qu'il allait restaurer le royaume mythique de David, et établir enfin Israël au-dessus de tous les peuples. Ils avaient pensé, sans trop oser le dire, qu'il y aurait peut-être pour eux des places de ministres, d'ambassadeurs, de gouverneurs... Et puis tout était tombé. Le beau rêve avait tourné au cauchemar. Et ils crevaient de peur.

C'est en parlant ensemble, et se remémorant les années passées avec lui, que peu à peu ils furent amenés à se poser la question : Et si nous avions mal compris les Ecritures ? Si le Messie n'était pas ce chef de guerre et ce leader politique que tous attendaient ? Si ce qu'il avait dit était vrai: *Je suis doux et humble... Le Règne de Dieu est en vous... Bienheureux les pauvres... Cherchez d'abord le Règne de Dieu et la Justice... Le Fils d'homme n'est pas venu pour être servi mais pour servir...*. S'il en était ainsi, alors la perspective changeait totalement. Et la mission qu'il leur avait confiée : *Allez, faites des disciples, baptisez-les, apprenez-leur à garder ce que je vous ai enseigné...* ça n'était pas une mission politique, comme un changement de régime, mais quelque chose de plus considérable . Un véritable bouleversement. Une révolution. Il leur fallait, dans le même Esprit que lui, reconsidérer le monde et les rapports entre les humains, réapprendre et clamer partout que l'Eternel est un Père, porter sur le monde et sur les hommes le même regard d'amour que Jésus avait porté. Continuer ce qu'il avait commencé lorsqu'il les avait réunis en un groupe de douze hommes, comme les douze tribus d'Israël. Rassembler le nouveau Peuple de Dieu. Créer un peu partout des communautés-témoins de la vie et de l'amour de Celui en qui ils reconnaissaient maintenant le Messie, le Christ. Qui continueraient au milieu des hommes ce qu'il avait commencé. Qui seraient pour les hommes des envoyés de l'Eternel. Et qui, par contagion, peu à peu, transformeraient le monde...

Au fil des heures, l'évidence s'imposa à eux, la certitude tomba sur eux, comme si l'Eternel lui-même les illuminait.. Ils prirent conscience qu'ils avaient l'ardente obligation de mettre en œuvre l'Esprit de Jésus, qui les brûlait maintenant comme un feu. Ils réalisèrent qu'en eux leur Maître était toujours vivant. Que sa Parole était toujours actuelle. Leur conviction était maintenant inébranlable.

Ils ouvrirent la porte. Ils sortirent. Libérés de la peur.

L'Histoire, qu'ils avaient cru finie, ne faisait que commencer. Le monde ne devait plus jamais être ce qu'il avait été jusqu'alors.

Cette Histoire est toujours la nôtre. La même mission. La même obligation. Le même monde. Les mêmes hommes. Les mêmes communautés.

Une seule question reste à poser : avons-nous la même conviction?

SAINT SACREMENT

ENSEMBLE (Saint Sacrement – année C)

*Jésus parlait du règne de Dieu à la foule,
et il guérissait ceux qui en avaient besoin.
Le jour commençait à baisser. Les Douze s'approchèrent de lui et lui dirent :
« Renvoie cette foule, ils pourront aller dans les villages
et les fermes des environs
pour y loger et trouver de quoi manger :
ici nous sommes dans un endroit désert. »
Mais il leur dit : « Donnez-leur vous-mêmes à manger. »
Ils répondirent : « Nous n'avons pas plus de cinq pains et deux poissons...
à moins d'aller nous-mêmes acheter de la nourriture pour tout ce monde. »
Il y avait bien cinq mille hommes.
Jésus dit à ses disciples : « Faites-les asseoir par groupes de cinquante. »
Ils obéirent et firent asseoir tout le monde.
Jésus prit les cinq pains et les deux poissons,
et, levant les yeux au ciel, il les bénit, les rompit
et les donna à ses disciples pour qu'ils distribuent à tout le monde.
Tous mangèrent à leur faim, et l'on ramassa les morceaux qui restaient :
cela remplit douze paniers.*
(Luc 9, 11b – 17)

Je ne sais pas si l'histoire de multiplication des pains s'est bien déroulée comme elle est racontée dans le texte évangélique de ce dimanche. Ce que je sais en revanche, c'est que la morale de cette histoire est toujours très actuelle, et nous concerne tous directement.

Des gens ont faim... Jésus le sait... Ils sont trop nombreux et n'ont rien à manger... Les disciples de Jésus lui donnent un conseil d'ami : *"Renvoie cette foule, ils pourront aller dans les villages et les fermes des environs pour y loger et trouver de quoi manger : ici nous sommes dans un endroit désert."*...Mais Jésus ne voit pas les choses du même œil : *"Donnez-leur vous-mêmes à manger."*... Cela va mieux à dire qu'à faire, pensent les Douze, car ils n'ont rien...ou presque : *"Nous n'avons pas plus de cinq pains et deux poissons... à moins d'aller nous-mêmes acheter de la nourriture pour tout ce monde."*. Mais cela semble suffire pour Jésus : *"Faites-les asseoir par groupes de cinquante."* Les disciples confient leur pique-nique à Jésus, au risque de tout perdre...On partage les pains et les poissons... Et tout le monde à de quoi manger. Fin de l'histoire.

Je lisais l'autre jour : *Selon une étude de l'O.N.U. : Dans le monde, un milliard de personnes vivent dans des bidonvilles. Un être humain sur six n'a pas de logement décent, avec ce que nous estimons le minimum de confort, c'est-à-dire au moins l'eau courante. Un être humain sur six vit dans la pauvreté, que les sociologues appellent : des conditions infra-humaines. Un être humain sur six n'a pas de quoi se loger, bien souvent pas de quoi manger à sa faim, pas de quoi se soigner, et est dans l'impossibilité d'apprendre à lire et à écrire.*

Et nous, dans nos prières universelles à la messe, ou dans nos prières personnelles, nous faisons de belles intentions pour que le Seigneur leur vienne en aide, ou les aide à supporter leur malheur... Mais nous n'entendons pas ce que nous dit le Seigneur Jésus, au fin fond de notre conscience : *Risquez votre tranquillité. Donnez-leur vous-même les moyens de se nourrir comme vous, construisez avec eux et pour eux des logements comme les vôtres, permettez-leur de se soigner dignement comme vous, et d'avoir accès, comme vous, à la culture et à la connaissance.* Ou alors, si nous l'entendons, nous répondons au Seigneur : *Mais, Seigneur, moi je ne suis rien, je n'ai pas grand chose. Qu'est-ce que cela pour tant de monde ?* Et le Seigneur répond, ce qu'Il a toujours répondu : *Partage ton pain avec l'affamé, héberge chez toi les pauvres sans abri, si tu vois un homme nu, habille-le, ne te dérobe pas devant celui qui est ta propre chair ? Alors ta lumière éclatera comme l'aurore, ta blessure se guérira rapidement, ta justice marchera devant toi et la gloire de l'Eternel te suivra.* (Isaïe 58, 7-8). Ou encore : *J'ai eu faim et vous m'avez donné à manger, j'ai eu soif et vous m'avez donné à boire, j'étais un étranger et vous m'avez accueilli, nu et vous m'avez vêtu, malade et vous m'avez visité, prisonnier et vous êtes venus me voir. Alors les justes lui répondront: Seigneur, quand nous est-il arrivé de te voir affamé et de te nourrir, assoiffé et de te désaltérer, étranger et de t'accueillir, nu et de te vêtir, malade ou prisonnier et de venir te voir? Et le Roi leur fera cette réponse: En vérité je vous le dis, dans la mesure où vous l'avez fait à l'un de ces plus petits de mes frères, c'est à moi que vous l'avez fait. Alors il dira encore à ceux de gauche: Allez loin de moi, maudits, dans le feu éternel qui a été préparé pour le diable et ses anges.* (Matthieu 25,35-40).

Mais il est bien évident que, si vous restez seuls, vous ne pourrez rien faire... mais vous ne serez pas innocent pour autant du malheur de ceux qui vivent dans des conditions infra-humaines. Dans l'histoire racontée par l'évangile, ce n'est pas Pierre, Jacques ou Jean qui donne à manger... ce sont les Douze. Ils se mettent ensemble à l'ouvrage.

Ensemble. Rien de bien, rien d'efficace ne peut être fait de nos jours par des personnes seules... sinon des beaux discours.

Ensemble. C'est en rejoignant les groupes et organisations déjà à l'œuvre que nous aurons des chances d'être efficaces.

Ensemble. C'est ensemble que les pauvres du monde entier viendront chez nous nous demander des comptes, si nous n'agissons pas pour eux... ENSEMBLE !

TRINITÉ

CONTRE LA VIOLENCE : DIEU - TRINITE
(Trinité–année A)

*Dieu a tant aimé le monde qu'il a donné son Fils unique :
ainsi tout homme qui croit en lui ne périra pas,
mais il obtiendra la vie éternelle.
Car Dieu a envoyé son Fils dans le monde, non pas pour juger le monde,
mais pour que, par lui, le monde soit sauvé.
Celui qui croit en lui échappe au Jugement,
celui qui ne veut pas croire est déjà jugé,
parce qu'il n'a pas cru au nom du Fils unique de Dieu.*
Jean 3, 16-18

Dans son ouvrage intitulé "Le prix du monothéisme", édité en 2007, l'auteur, Jan ASSMANN fonde le monothéisme sur ce qu'il nomme "la distinction mosaïque", que nous trouvons au chapitre 6 du Livre du Deutéronome : *Ecoute, Israël: L'Eternel notre Dieu est le seul Yahvé. Tu aimeras l'Eternel ton Dieu de tout ton cœur, de toute ton âme et de tout ton pouvoir.* Et qu'il explicite ainsi : *la caractéristique principale du monothéisme biblique attribué à Moïse n'est pas la croyance en un seul Dieu mais la distinction faite entre ce qui est vrai et ce qui est faux dans la religion.* Selon ASSMANN, *la distinction mosaïque introduit un nouveau type de vérité : la vérité absolue, révélée, vérité métaphysique ou vérité de croyance.* L'Eternel Dieu n'est pas seulement le SEUL dieu; il est surtout le VRAI dieu.

Dire cela, c'est affirmer que les religions monothéistes, fondées sur l'existence d'un Dieu unique, qui est non seulement unique, mais surtout seul vrai, portent en elles le germe de l'intolérance, et, par voie de conséquence, de la violence. Les Livres dits "historiques" de l'Ancien Testament relatent la conquête d'une Terre par un Peuple en armes, qui a la conviction qu'il est le seul Peuple choisi par le seul Dieu, seul unique et seul vrai, qui lui donne cette terre, à charge pour lui de la conquérir. L'histoire de l'Eglise catholique, à partir de l'année 393, qui marque l'officialisation du Christianisme comme religion officielle de l'empire romain, est faite elle aussi d'actes de violence : croisades, guerres de religions, antisémitisme, conversions et baptêmes forcés. Quant à l'Islam, chaque jour nous apporte la preuve qu'il obéit à la même règle.

Néanmoins, je pose un bémol. Ou, si vous préférez, je tempère mon propos. Car je suis chrétien, disciple de Jésus, le Christ. Et je constate que Jésus de Nazareth a introduit une rupture radicale. Je constate que le Nouveau Testament relate la vie, les faits et les actes d'un homme qui s'est présenté en Envoyé de Dieu, et qui néanmoins, a toujours refusé d'employer la violence, même lorsqu'il fut tenté de le faire. Et qui a été mis à mort, victime de la violence des autres. Et je constate encore que cet homme, Jésus de Nazareth, prétendait être animé de l'Esprit de Celui qu'il nommait "Mon Père", et qui, pour lui, n'était pas, comme pour les Pharisiens de son époque, le Dieu de la Loi, de la violence et de la vengeance. Et, après lui, lorsque ceux et celles qui vécurent selon son exemple parlèrent du Dieu unique, ce fut pour affirmer que ce Dieu est à la fois Père, Fils et Esprit. Dieu unique. Dieu Trinité. Et c'est la grande différence entre la conception du monothéisme traditionnel, et celle du Dieu de Jésus-Christ.

Ecoutons ce que disait Blaise PASCAL, au 17° siècle :

Il faut donc tendre uniquement à connaître Jésus-Christ,
puisque c'est par lui seul que nous pouvons prétendre connaître Dieu d'une manière qui nous soit utile.
C'est lui qui est le vrai Dieu des hommes,
c'est-à-dire des misérables, et des pécheurs.
Il est le centre de tout, et l'objet de tout ; et qui ne le connaît pas,
ne connaît rien dans l'ordre du monde, ni dans soi même.
Car non seulement nous ne connaissons Dieu que par Jésus-Christ,
mais nous ne nous connaissons nous mêmes que par Jésus-Christ....
nous ne connaissons la vie, la mort que par Jésus-Christ.
Hors de Jésus Christ. nous ne savons ce que c'est ni que notre vie,
ni que notre mort, ni que Dieu, ni que nous-mêmes.
Ainsi sans l'Écriture qui n'a que Jésus Christ. pour objet, nous ne connaissons rien,
et ne voyons qu'obscurité et confusion
dans la nature de Dieu et dans la propre nature.

Dire de Dieu qu'il est Trinité, ce n'est pas nier qu'il est unique, et affirmer qu'il est multiple. Dire de Dieu qu'il est Trinité, c'est reconnaître qu'il y a plusieurs manières pour Lui de se manifester à nous. En nous, individus et communautés, il est Esprit. Pour nous, Jésus est sa manifestation visible la plus achevée. Avant nous, il est Père de l'ensemble de l'Humanité. ..

... Mais ce que Dieu est en soi, personne ne peut rien en dire. Personne ne doit rien en dire. Car personne ne sait rien.

Dire de Dieu qu'il est Trinité, c'est dire que l'unité en Dieu n'est pas un principe philosophique, comme un axiome mathématique, auquel on doit adhérer sans trop chercher à comprendre.

Dire de Dieu qu'il est Trinité, c'est dire que l'unité en Dieu est la fusion du Père, du Fils et de l'Esprit, qui sont les trois aspects (les Anciens disaient en grec : hypostases) sous lesquels il se manifeste. Ce que Jean l'évangéliste résume en affirmant : Dieu est Charité !, que nous traduisons par "Dieu est Amour" !

Dire que Dieu est Trinité, c'est d'un seul coup désarmer la violence qui divise et vise à anéantir, et affirmer la Charité qui construit et cherche à réunir.

Dire que Dieu est Trinité, c'est rompre avec les siècles de collusion entre l'Eglise et l'Etat, où ne fut connu que le Dieu unique, sur le modèle de l'Unique Souverain, Monarque absolu.

C'est en ce Dieu-Trinité qu'il faut avoir confiance. C'est notre confiance en ce Dieu-là qu'il faut transmettre, en paroles et en actes.

Il est grand temps pour nous autres, Chrétiens mes frères et mes sœurs, de réaliser que notre Dieu est Trinité.

En 1997, l'égyptologue Jan Assmann publiait un ouvrage, Moïse l'Egyptien, dont les thèses allaient susciter maintes controverses : en France, en Allemagne, aux États-Unis... plusieurs spécialistes s'insurgèrent contre ce qui leur apparut comme une contribution à la critique de la religion, voire comme une attaque frontale dirigée contre le monothéisme. Au cœur du débat, toujours vivace aujourd'hui, se trouve le concept de 'distinction mosaïque' forgé par Jan Assmann : un concept qui, pour certains contradicteurs, prête au monothéisme une intolérance consubstantielle ; qui, pour les autres, entend précisément abolir ce qui distingue le monothéisme. Les plus véhéments allant jusqu'à imputer à l'égyptologue une nostalgie du paganisme, voire un antisémitisme larvé. Par-delà ces derniers griefs, peu sérieux, le débat a été assez nourri pour que Jan Assmann entreprît, dans un nouveau livre, de préciser ou d'amender les concepts utilisés dans le précédent : bel exemple de retour sur elle-même d'une pensée scientifique. Il revient donc ici sur ce qui caractérise le monothéisme : cette distinction mosaïque qui est, non pas la distinction entre un Dieu unique et un fourmillement de divinités, mais bien la distinction entre le vrai et le faux dans la religion, entre le vrai dogme et les croyances erronées ; non pas l'irruption d'une croyance donnée à un moment déterminé, qui suppose un avant et un après, mais une idée régulatrice.

CONVERSION ... DOUTES (Trinité – B)

Au temps de Pâques, les onze disciples s'en allèrent en Galilée,
à la montagne où Jésus leur avait ordonné de se rendre.
Quand ils le virent, ils se prosternèrent, mais certains eurent des doutes.
Jésus s'approcha d'eux et leur adressa ces paroles :
« Tout pouvoir m'a été donné au ciel et sur la terre. Allez donc !
De toutes les nations faites des disciples,
baptisez-les au nom du Père, et du Fils, et du Saint-Esprit ;
et apprenez-leur à garder tous les commandements que je vous ai donnés.
Et moi, je suis avec vous tous les jours jusqu'à la fin du monde. »
(Matthieu 28, 16-20)

Quelques réflexions... comme ça... en patchwork... à coudre comme vous voudrez...

1- Les historiens prétendent que les Juifs du premier siècle de notre ère, à la différence des Juifs contemporains, étaient missionnaires et ne craignaient pas de convertir des non-Juifs à la foi au Dieu unique. C'est ce qui peut expliquer que, selon Matthieu qui écrit pour des Juifs, la dernière consigne laissée par Jésus, qui était juif, à ses disciples, qui étaient également juifs, est celle-ci, que nous connaissons bien : *En allant, faites des disciples dans toutes les nations, les baptisant au nom du père et du fils et de l'esprit-saint, les enseignant à garder tout ce que je vous ai prescrit.*

Mais il avait fallu qu'un évènement extraordinaire se produise pour que ces Juifs, enfermés à double tour "par crainte des Juifs", sortent ainsi d'eux-mêmes et partent partout dans l'Empire romain faire des disciples. Cet événement, c'était évidemment la résurrection de Jésus de Nazareth, en qui ils avaient reconnu le Messie prophétisé, inaugurant la fin du temps.

2- *"En le voyant, ils se prosternent"*. Les disciples ont-ils vu Jésus ressuscité comme vous me voyez ? Rien n'est moins sûr. Car "voir" le ressuscité, c'est d'abord un acte du ressuscité lui-même qui se donne à voir. Et cela ne se fait pas avec les yeux du corps. Lorsque Jean, dans son évangile, nous raconte l'épisode de Lazare, nous le nommons "la résurrection de Lazare". Or, dans l'histoire qu'il nous met en scène, Jean nous montre d'abord Marthe s'entretenant avec Jésus, et lui déclarant : *Je crois que tu es le Messie, le fils de Dieu.* Et c'est après avoir prononcé cet acte de foi que Marthe va voir dans son frère mort un vivant.

De même tu ne peux discerner la présence du Christ re-suscité à la vie qu'avec les "yeux intérieurs", le regard de la foi. Si tu attends de voir pour croire, tu pourras attendre longtemps. Mais si tu crois, tu verras !

3- *"Certains eurent des doutes"*. J'aime bien cette précision. Car lequel d'entre nous n'a jamais eu de doute sur la vérité de la résurrection du Christ, à un moment ou l'autre de son existence ? Mais ce que je préfère encore, c'est la suite : tous sont envoyés, pas seulement les convaincus, mais aussi ceux qui avaient des doutes. Le ressuscité leur fait confiance comme aux autres. Ce qui a pour corollaire que tout missionnaire, tout prédicateur, tout témoin peut, à un moment ou à l'autre, être surpris en train de douter. N'attendez donc pas de ceux qui ont mission de vous enseigner une vérité pré-cuite et pré-digérée. Sachez mettre en oeuvre votre propre esprit critique.

4- Qu'avons-nous donc à faire ? De qui et de quoi avons-nous mission de témoigner ? Nous avons mission de *"faire des disciples" en baptisant et en enseignant à garder tout ce qu'il a prescrit*. Matthieu reprend ainsi, à la fin de son récit, ce par quoi il a commencé, aux chapitres 5, 6 et 7. Ce qu'il a prescrit, et que Matthieu compare, au chapitre 7, à une maison construite sur le roc, c'est l'amour des ennemis; le désintéressement par rapport à l'argent et l'absolu de Dieu; c'est le refus de la violence pour résoudre les conflits; c'est la vérité dans la parole : OUI quand c'est OUI, NON quand c'est NON; c'est la soumission au désir de Dieu; c'est la fidélité... Vaste programme !

Et c'est ainsi qu'il est avec nous jusqu'à la fin du temps...

LA VÉRITÉ (Trinité – Année C)

À l'heure où Jésus passait de ce monde à son Père, il disait à ses disciples :
« J'aurais encore beaucoup de choses à vous dire,
mais pour l'instant vous n'avez pas la force de les porter.
Quand il viendra, lui, l'Esprit de vérité,
il vous guidera vers la vérité tout entière.
En effet, ce qu'il dira ne viendra pas de lui-même :
il redira tout ce qu'il aura entendu ;
et ce qui va venir, il vous le fera connaître.
Il me glorifiera, car il reprendra ce qui vient de moi
pour vous le faire connaître.
Tout ce qui appartient au Père est à moi ; voilà pourquoi je vous ai dit :
Il reprend ce qui vient de moi pour vous le faire connaître.
Jean 16, 12-15

Au XIII° siècle, le grand théologien Thomas d'AQUIN, définissait ainsi la Vérité, comme "la correspondance entre une réalité et ce que je pense, ou ce que je dis de cette réalité" (adaequatio rei et intellectus, en latin). Vous lisez ce texte. Si vous lisez bien ce qui y est écrit, votre lecture est vraie. Bien ! Mais...

Je suis témoin d'un accident de la route. J'ai bien vu ce qui s'était passé, ainsi qu'une autre personne, située de l'autre côté de cette route. La Police nous interroge l'un et l'autre. Je dis ce que j'ai vu. L'autre dit ce qu'il a vu. Ainsi disons-nous tous deux la Vérité telle que nous la pensons. Le hic est que nous ne disons pas la même chose, car ce que nous rapportons dépend de la position que nous occupions par rapport à l'accident, de l'appréciation que nous portons sur les responsabilités des protagonistes. Nous disons chacun notre vérité. Il n'y a donc pas de vérité unique.

J'ai coutume de dire, à propos d'un récit évangélique : La question qui se pose à moi n'est pas celle de la réalité des faits, mais celle de la vérité. Autrement dit, je ne dois pas demander si ce récit est réel, s'il s'est bien déroulé de la manière dont il est rapporté, mais quelle en est la vérité du message.

La VERITE : Qu'est-ce que la Vérité ?, demandait Pilate.

C'est la grande interrogation de Jean dans son Evangile, où ce terme revient 46 fois. Ce n'est certainement pas un pur effet du hasard.

Ce texte, écrit par le disciple Jean, est daté de la fin du premier siècle de notre ère. C'est-à-dire qu'il fut écrit près de soixante ans après la mort-résurrection de Jésus, par un témoin qui n'avait qu'environ vingt ans lorsqu'il vivait les faits rapportés, à moins qu'il ne les ait recueillis de quelqu'un d'autre. De plus, à l'époque de la rédaction de ce texte, le Moyen-Orient bouillonnait de doctrines plus ou moins ésotériques, élaborées par des illuminés, qui avaient réussi à faire quelques adeptes. Et ceux-ci étaient bien persuadés que ces prétendues doctrines étaient la Vérité.

Le but de Jean, en rédigeant son Evangile, n'était donc pas de prouver que Jésus avait bel et bien existé, ce dont tout le monde était persuadé; mais de manifester qu'il était l'Envoyé de Dieu, la Parole de Dieu, le Verbe de Dieu, Dieu présent parmi les hommes en esprit et selon la Vérité :

Et le Verbe s'est fait chair et il a habité parmi nous,
et nous avons contemplé sa gloire,
gloire qu'il tient de son Père comme Fils unique, plein de grâce et de vérité.
(Jean 1, 14)

s'il m'arrive de juger, moi, mon jugement est selon la vérité,
parce que je ne suis pas seul; mais il y a moi et celui qui m'a envoyé… (Jean 8,16)

"Je suis le Chemin, la Vérité et la Vie. Nul ne vient au Père que par moi.
Si vous me connaissez, vous connaîtrez aussi mon Père;
dès à présent vous le connaissez et vous l'avez vu." (Jean 14, 6-7)

Pilate lui dit: "Donc tu es roi?" Jésus répondit: "Tu le dis: je suis roi.
Je ne suis né, et je ne suis venu dans le monde, que pour rendre témoignage à la vérité.
Quiconque est de la vérité écoute ma voix." (Jean 18, 37)

Et il terminera son Evangile par cette affirmation : *Jésus a fait sous les yeux de ses disciples encore beaucoup d'autres signes, qui ne sont pas écrits dans ce livre. Ceux-là ont été mis par écrit, pour que vous croyiez que Jésus est le Christ, le Fils de Dieu, et pour qu'en croyant vous ayez la vie en son nom.* (Jean 20, 30-31)

Ainsi donc, à la question : Quelle est la Vérité du Message de l'Evangile, la seule réponse possible est : JESUS. Mais cette réponse ne vaut que pour le croyant qui affirme, suivant ce que Jean affirmait :

Jésus est le Christ, le Fils de Dieu

Autrement dit, à la question de Pilate : "Qu'est-ce que la Vérité ?", la réponse n'est pas d'ordre intellectuel, mais de l'ordre de la conviction personnelle.

C'est peut-être cela qu'on nomme " la foi du charbonnier"...

ASSOMPTION

LA VALEUR AJOUTÉE DES CHOSES (ASSOMPTION)

*En ces jours-là, Marie se lève
et se rend avec empressement vers le haut-pays, dans une ville de Juda.
Elle entre dans la maison de Zacharie et elle salue Élisabeth.
Or, quand Élisabeth entend la salutation de Marie, l'enfant bondit en son sein.
Élisabeth est remplie du Souffle spirituel de sainteté.
Elle s'écrie d'une voix forte: Tu es bénie parmi les femmes
et le fruit de ton sein est béni!
Comment m'est-il donné que la mère de mon Seigneur vienne jusqu'à moi?
Comme la voix de ta salutation parvenait à mes oreilles,
voici que l'enfant bondissait de joie dans mon ventre.
Elle est sur la voie du bonheur celle qui a cru que s'accomplirait
ce qui lui fut dit de la part du Seigneur!
Marie dit alors:
Je chante à pleine voix la grandeur du Seigneur et je crie d'allégresse pour le
Dieu qui me sauve!
Car Il m'a considérée, moi son humble servante.
Voici: désormais chaque génération me dira bienheureuse.
Car Il a fait pour moi de grandes choses;
Lui, le Puissant: son Nom est saint!
Son coeur de tendresse accueille, d'âge en âge,
ceux qui frémissent à son Nom.
Il a déployé la force de son bras. Il a dispersé les coeurs qui se croient forts.
Il a détrôné les puissants et élevé les humbles.
Il a comblé de bien les affamés et renvoyé vides les enrichis.
Il est venu en aide à Israël, son fils et serviteur,
se souvenant de sa miséricorde,
comme Il avait dit à nos ancêtres, en faveur d'Abraham et de sa
descendance pour l'éternité.
Marie reste environ trois mois avec Élisabeth, puis elle revient dans sa
maison.
Luc 1,39-56*

Voilà donc Marie en route. Elle va chez Elisabeth, sa cousine, qui est enceinte, bien qu'elle soit déjà âgée… elle a peut-être 30 ou 35 ans, selon la durée moyenne de la vie à cette époque,… Marie est-elle seule ? Est-elle accompagnée ? Par qui ? Luc ne nous dit rien. Elle a probablement rejoint une caravane partant pour la Judée. Car une jeune femme ne saurait, à cette époque, parcourir seule et à pied la centaine de kilomètres qui la séparent du village de Zacharie.

Et Marie pense. Et Marie rêve. Et Marie chante.

Elle pense à Joseph qui est resté à Nazareth. Va-t-il savoir se débrouiller tout seul ? Car elle n'est pas partie que pour quelques jours, mais pour plusieurs semaines ! Elle pense aux amies qu'elle a laissées. Elle repense à son enfance, encore pas si lointaine, où elle jouait et dansait. Et elle esquisse même un pas de danse, devant ses compagnons de voyage, qui se demandent ce qu'il lui prend ! Et elle repense à cette annonce mystérieuse qu'elle a perçue. Elle va être mère d'un enfant qui sera, à la fois comme les autres, et différent de tous.

Et Marie rêve à cet enfant, son premier enfant. Un fils de son peuple. Le Peuple de Dieu. Un fils de Dieu. Il sera beau. Il sera grand. Il sera intelligent. Plus tard, il protègera sa mère. Il sera son bâton de vieillesse. On parlera de lui dans tout Nazareth! Et Marie sera fière de son fils.

Et nous voici nous aussi tout de suite comme Marie. Nous aussi, nous pensons, nous rêvons.

Nous ne pouvons pas chasser de notre esprit, au cours de cette célébration, les pensées qui se bousculent. La soirée d'hier, et le repas avec les amis... Ou la maladie de celui ou de celle qui nous est proche, et dont nous ne savons pas comment elle va évoluer... Les soucis pour nos enfants, leur avenir, leur réussite dans la vie, que seront-ils ? que feront-ils ? Et il ne faudra pas que j'oublie de faire telle ou telle chose en rentrant tout à l'heure... Et qu'allons-nous faire cet après-midi ?

Et des rêves viennent s'intercaler, entre les couplets du chant d'entrée, ou les paroles du Je crois en Dieu. Je nous imagine dans notre nouvelle maison... Je m'imagine dansant sur la plage, devant les badauds... Tout cela est très normal, pour Marie comme pour nous. Ainsi va la vie, Tous les instants se bousculent, et le rêve avec la réalité. Et nous ne pouvons pas nous empêcher d'imaginer l'avenir, tout en sachant qu'il ne viendra pas tel que l'aurons imaginé... L'essentiel est de ne pas perdre de vue ce qui donne du sens à notre vie. Ainsi Marie ne perd pas de vue qu'elle a une mission à accomplir, et que cette mission fera son bonheur... *toutes les générations me diront bienheureuse...*

Ne perdons pas de vue ce qui fait l'essentiel de notre existence. Qui que nous soyons, nous avons du prix aux yeux de Dieu. Avons-nous également du prix à nos propres yeux ? Savons-nous apprécier les personnes et les choses à leur juste prix ? Savons-nous donner aux personnes et aux choses de la valeur ajoutée ?...

Toutes nos pensées, tous nos rêves, tous nos désirs et toutes nos craintes, présentons-les au Seigneur, comme Marie... Malgré tout, *le Seigneur fait pour nous des merveilles, Saint est Son Nom* !

NOËL

CHER PÈRE NOËL

J'ai bien failli ne pas t'écrire, parce que des copains m'avaient dit : " *C'est pas vrai, le Père Noêl, il n'existe pas* !". Et puis, Adeline, qui a cinq ans m'a dit l'autre jour : "*Mais bien sûr qu'il existe, sinon comment les petits enfants auraient des cadeaux à Noël ? Ca ne serait pas vraiment Noël !* ". Alors voilà, je t'écris.

Je n'ai rien de spécial à te demander pour moi : je suis grand, j'ai déjà plein de choses, ce n'est donc pas la peine de te déranger pour moi. Mais j'ai beaucoup de choses à te demander pour les autres. Prends-en bien note...

On m'a dit que dans certains pays, on donne des vrais fusils, et des vrais pistolets-mitrailleurs à des enfants, et qu'on les oblige à faire la guerre et à tuer. Quelquefois même on les oblige à torturer les gens avant de les tuer. Si, si, c'est vrai, je te le jure. Je pourrais te citer des pays où c'est comme ça. C'est triste, et surtout c'est atroce, parce que ces enfants-là, ils ne pensent même plus à jouer. Alors, si tu peux, porte-leur une belle peluche, ou un beau ballon de foot, pour qu'ils puissent jouer comme moi, et être quand même un peu heureux.

J'ai lu aussi dans les journaux, et on en a aussi parlé à la radio et à la télé, qu'il y a des grandes personnes, ici en France, mais aussi ailleurs, qui font du mal exprès aux enfants. Ou bien encore, il y en a d'autres qui forcent les enfants à faire des choses qui sont mal, et les enfants qui font ça, après ils sont tristes. Pour eux, je te demande une chose : tu dois bien connaître Jésus, toi qui es bon, puisque tu n'apportes que des cadeaux, à l'occasion de l'anniversaire de sa naissance. Alors, demande-lui s'il peut faire quelque chose pour changer un peu l'esprit des gens qui font du mal. Et pour que tu aies plus de chances de réussir, dis-lui que, moi aussi, je vais lui demander la même chose dans ma prière, tous les soirs avant de me coucher. Comme cela, en s'y mettant à deux, on aura plus de chances de réussir.

Et puis j'ai vu aussi à la télé, qu'il y a des enfants qui sont délinquants. Des enfants qui volent des choses aux autres, ou qui les battent, ou qui brûlent des voitures devant les immeubles. Ces enfants-là, il y en a qui n'ont pas de parents; il y en a aussi dont les parents ne s'occupent pas; il y en a encore qui font cela parce que leurs parents les forcent; il y en a aussi qui font cela parce qu'ils pensent que personne ne les aime; ou bien parce que la police les embête tout le temps. Je ne sais pas ce que tu peux faire pour eux, parce que c'est pas facile. Mais moi, moi qui n'ai jamais brûlé de voiture, ni agressé personne dans la rue, je te promets que je vais essayer de ne pas faire de mal exprès aux autres, et de les respecter. Parce que, si je veux qu'on me respecte, il faut que je respecte les autres. C'est normal !

Il y a aussi les enfants qui ont des parents séparés, ou divorcés, qui se disputent. Ces enfants-là sont malheureux. Est-ce que tu pourrais avoir une idée pour que leurs parents essaient de faire la paix entre eux pour la fête de Noël ?

Enfin, il y a tous les enfants malades, chez eux, ou à l'hôpital, ou dans des Centres spécialisés. Pour eux, je ne te demande rien, parce que, moi, je vais essayer de voir avec mes copains ce qu'on peut faire. Le Père Noël, ce sera nous ! On leur portera des jouets à nous, qui sont encore en bon état, pour que, malgré tout, ça soit Noël pour eux aussi. Et on leur dira que c'est toi qui les a apportés chez nous : c'est pas vraiment un mensonge, ça ?

C'est tout, Père Noël. J'arrête ici ma lettre. Je compte sur toi pour tout ce que tu pourras faire. Et je t'assure que tu peux compter sur moi, pour que le monde soit un peu plus beau, et qu'il y ait un peu plus de bonheur et de paix là où je suis. Parce que, je me souviens que, lorsque Jésus est né, les anges chantaient : *Gloire à Dieu au plus haut des cieux. Et Paix sur la terre aux hommes qu'Il aime.*

Et je voudrais que, cette année, ce soit vrai...

CELUI QUE NOUS ATTENDONS

Ecoutons cette voix
Qui vient du fond des âges,
C'est la voix de nos Pères.

Je crois en un seul Dieu,
le Père tout-puissant,
créateur du ciel et de la terre, de l'univers visible et invisible.

Mais qui donc est ce Dieu
De qui j'affirme l'existence,
Et en qui j'affirme avoir confiance ?
Et qui donc pourra me parler de Dieu ?

JEAN, l'apôtre, écrivait dans le prologue de son évangile :

Dieu, personne ne l'a jamais vu:
le Fils unique,
qui est dans le sein du Père
c'est lui qui l'a fait connaître.
(Evangile de Jean 1, 18)

Et au chapitre 12 de ce même évangile :

Celui qui me voit, voit celui qui m'a envoyé.
(Jean 12, 45)

Et encore au chapitre 14 :

Philippe, celui qui me voit, voit aussi le Père.
Comment peux-tu dire: Montre-nous le Père !
Ne crois-tu pas que je suis dans le Père,
et que le Père est en moi?
Les paroles que je vous dis, je ne les dis pas de moi-même:
le Père qui demeure en moi fait lui-même ces oeuvres.
Croyez sur ma parole que je suis dans le Père,
et que le Père est en moi.
(Jean 14, 8)

Et, dans la Première Lettre de JEAN, nous lisons :

Dieu, personne ne l'a jamais vu;
mais si nous nous aimons les uns les autres,

Dieu demeure en nous.
(1° Lettre de Jean 4, 12)

C'est vrai, nul n'a jamais vu Dieu.
Car Dieu échappe à tout regard humain, à toute image humaine.
Et nul ne peut parler de Dieu.
Nul ne peut dire de Dieu qui Il est.
A peine pouvons-nous dire ce qu'Il n'est pas.
Car l'Infini ne peut se laisser enfermer dans des définitions.
L'Eternel ne peut être contenu dans le Temps.
Dieu est l'Au-delà de Tout.

Jésus de Nazareth nous parlera de Dieu.
Car nous croyons qu'il est l'Envoyé de Dieu,
La Parole de Dieu,
Et que, par sa vie, par ses paroles et par ses actes,
Il nous a révélé un Dieu inattendu.

Ecoutons cette voix
Qui vient du fond des âges,
C'est la voix de nos Pères..

Je crois en un seul Seigneur,
Jésus Christ,
le Fils unique de Dieu,
né du Père avant tous les siècles
il est Dieu, né de Dieu,
lumière, né de la lumière,
vrai Dieu, né du vrai Dieu,
engendré, non pas créé,
de même nature que le Père;
et par lui tout a été fait.
Pour nous les hommes, et pour notre salut, il descendit du ciel;
par l'Esprit Saint, il a pris chair de la Vierge Marie, et s'est fait homme.

Dans sa Lettre aux Colossiens, PAUL l'apôtre déclare :

Il est l'image du Dieu invisible, né avant toute créature;
car c'est en lui que toutes choses ont été créées,
celles qui sont dans les cieux et celles qui sont sur la terre,
les choses visibles et les choses invisibles,
Trônes, Dominations, Principautés, Puissances;
tout a été créé par lui et pour lui.
(Paul aux Colossiens 1, 15-16)

Toutes choses ont été crées en lui.

Et Jean, au tout début de son évangile, écrit :

*Au commencement était la Parole,
et la Parole était en Dieu,
et la Parole était Dieu.
Elle était au commencement en Dieu.
Tout a été fait par la Parole,
et sans la Parole rien n'a été fait
de ce qui existe.*

*Elle était dans le monde,
elle par qui le monde s'était fait,
mais le monde ne l'a pas reconnue*

*Et la Parole a pris corps,
et elle a habité parmi nous,
(et nous avons vu sa gloire,
gloire comme celle qu'un fils unique tient de son Père)
avec grâce et vérité.*
(Jean 1)

Tout a été fait par la Parole
Sans la Parole rien n'a été fait.

Et l'auteur de la Lettre aux Hébreux affirme :

*Dieu, dans ces derniers temps, nous a parlé par le Fils,
qu'il a établi héritier de toutes choses,
et par lequel il a aussi créé le monde.
Ce Fils, qui est le rayonnement de sa gloire,
l'empreinte de sa substance,
et qui soutient toutes choses par sa puissante parole,
après nous avoir purifiés de nos péchés,
s'est assis à la droite de la majesté divine au plus haut des cieux.*
(Lettre aux Hébreux 1, 1-3)

Par lui, Dieu a créé le monde.

Jésus de Nazareth
Parole de Dieu
Par qui tout a été créé.

Ecoutons cette voix

Qui vient du fond des âges,
C'est la voix de nos Pères.

Crucifié pour nous sous Ponce Pilate, il souffrit sa passion
et fut mis au tombeau.
Il ressuscita le troisième jour, conformément aux Écritures,
et il monta au ciel;
il est assis à la droite du Père.
Il reviendra dans la gloire, pour juger les vivants et les morts;
et son règne n'aura pas de fin.

Au début de la Veillée pascale,
Après avoir béni le cierge, signe du Christ,
Lumière de Pâques, lumière des hommes,
Celui qui préside dit :

Le Christ, hier et aujourd'hui,
commencement et fin de toutes choses,
Alpha et Oméga;
à lui, le temps et l'éternité,
à lui, la gloire et la puissance
pour les siècles sans fin.
(Rituel romain)

Le petit enfant de NOEL
Est le ressuscité de Pâques,
Parole de l'Eternel,
Par qui les mondes furent créés
Celui qui EST, qui ETAIT et qui VIENT.

Message inouï
Révélation incommensurable
Enorme information
Extraordinaire Bonne Nouvelle
Insondable Mystère

Jésus

NO-EL - DIEU avec NOUS

Au commencement était le Verbe
et le Verbe était avec Dieu
et le Verbe était Dieu.
Il était au commencement avec Dieu.
Tout fut par lui, et sans lui rien ne fut.
Ce qui fut en lui était la vie, et la vie était la lumière des hommes,
et la lumière luit dans les ténèbres et les ténèbres ne l'ont pas saisie.
Il y eut un homme envoyé de Dieu. Son nom était Jean.
Il vint pour témoigner, pour rendre témoignage à la lumière, afin que tous crussent par lui.
Celui-là n'était pas la lumière, mais il avait à rendre témoignage à la lumière.
Le Verbe était la lumière véritable, qui éclaire tout homme;
il venait dans le monde.
Il était dans le monde, et le monde fut par lui,
et le monde ne l'a pas reconnu.
Il est venu chez lui, et les siens ne l'ont pas accueilli.
Mais à tous ceux qui l'ont accueilli,
il a donné pouvoir de devenir enfants de Dieu,
à ceux qui croient en son nom, lui qui ne fut engendré ni du sang,
ni d'un vouloir de chair,
ni d'un vouloir d'homme, mais de Dieu.
Et le Verbe s'est fait chair et il a habité parmi nous,
et nous avons contemplé sa gloire,
gloire qu'il tient de son Père comme Fils unique, plein de grâce et de vérité.
Jean lui rend témoignage et il clame:
"C'est de lui que j'ai dit: Celui qui vient derrière moi,
le voilà passé devant moi,
parce qu'avant moi il était."
Oui, de sa plénitude nous avons tous reçu, et grâce pour grâce.
Car la Loi fut donnée par Moïse;
la grâce et la vérité sont venues par Jésus Christ.
Nul n'a jamais vu Dieu; le Fils unique, qui est tourné vers le sein du Père,
lui, l'a fait connaître.
(Jean 1, 1-18)

Dans un commencement,
Lorsque partout dans l'univers régnait le chaos,
L'Eternel parlait.
La Parole de l'Eternel disait :
"Que quelque chose soit !"
Et quelque chose était !

La Parole de l'Eternel faisait exister.
La Parole de l'Eternel donnait naissance.
La Parole de l'Eternel était créatrice.

Dans un commencement,
Il y avait la Parole,
Et la Parole était auprès de l'Eternel,
Et la Parole était l'Eternel.
Elle était dans un commencement avec l'Eternel.

Cette Parole créatrice de l'univers,
Cette Parole origine de l'Homme,
Cette Parole origine du Peuple de Dieu,
Elle est venue chez nous.
Le Verbe s'est fait chair.
Le Verbe s'est fait notre chair.
La Parole a pris corps en un homme
Un jour,
A Nazareth,
En Galilée.
On lui donna le nom de "Jésus",
Qui signifie "Dieu sauve".

Ceux qui le suivaient,
Ceux qui le voyaient,
Ceux qui l' entendaient
Ne pouvaient pas deviner qui il était,
Profondément
Véritablement
Réellement.
Car il était semblable à tous,
Comme tous,
Comme tous les autres,
Comme tous les hommes.

Au jour de sa naissance,
Il fut bébé,
Vraiment bébé, réellement bébé,
Comme tous les bébés
Fragile et vulnérable
En tout semblable à tous les bébés.

Mais dans ce bébé, qui ne savait pas encore parler,
Reposait la Parole de Dieu,
La Parole créatrice.

Dans ce bébé était la Parole
Par quoi l'Eternel avait créé les mondes !

Et dans ce bébé fragile et vulnérable
Pour ceux qui savaient voir avec le regard du cœur,
Car l'Essentiel est invisible pour les yeux,
Resplendissait la Gloire de Dieu.

Il était l'Icône du Dieu invisible, Premier-né de toute créature,
car c'est en lui qu'avaient été créées toutes choses, dans les cieux et sur la terre,
les visibles et les invisibles;
tout avait été créé par lui et pour lui.
Il était avant toutes choses et tout subsistait en lui. (Colossiens 1 15-17)

Et depuis ce jour,
En tous les bébés fragiles et vulnérables
Pour ceux qui savent voir avec le regard du cœur,
Car l'Essentiel est invisible pour les yeux,
Resplendit la Gloire de Dieu.

Tout être humain est Icône de Dieu.

Alors mon frère, ma sœur,
Ouvre les yeux de ton cœur,
Et contemple en toi,
En ton propre frère, en ta propre sœur,
En ton ami, ton ennemi
La Gloire de Dieu.

NOËL – ÉVÈNEMENT COSMIQUE

Commencement de l'Évangile de Jésus Christ selon saint Jean

Au commencement était la Parole de Dieu,
et la Parole était auprès de Dieu, et la Parole était Dieu.
Elle était au commencement auprès de Dieu.
Par lui, tout s'est fait, et rien de ce qui s'est fait ne s'est fait sans lui.
En lui était la vie, et la vie était la lumière des hommes ;
la lumière brille dans les ténèbres, et les ténèbres ne l'ont pas arrêtée.
Il y eut un homme envoyé par Dieu. Son nom était Jean.
Il était venu comme témoin, pour rendre témoignage à la Lumière, afin que tous croient par lui.
Cet homme n'était pas la Lumière, mais il était là pour lui rendre témoignage.
Le Verbe était la vraie Lumière,
qui éclaire tout homme en venant dans le monde.
Il était dans le monde, lui par qui le monde s'était fait, mais le monde ne l'a pas reconnu.
Il est venu chez les siens, et les siens ne l'ont pas reçu.
Mais tous ceux qui l'ont reçu, ceux qui croient en son nom,
il leur a donné de pouvoir devenir enfants de Dieu.
Ils ne sont pas nés de la chair et du sang, ni d'une volonté charnelle,
ni d'une volonté d'homme : ils sont nés de Dieu.
Et la Parole s'est faite chair, elle a habité parmi nous,
et nous avons vu sa gloire,
la gloire qu'il tient de son Père comme Fils unique, plein de grâce et de vérité.
Jean Baptiste lui rend témoignage en proclamant : « Voici celui dont j'ai dit :
Lui qui vient derrière moi, il a pris place devant moi, car avant moi il était. »
Tous nous avons eu part à sa plénitude, nous avons reçu grâce après grâce :
après la Loi communiquée par Moïse,
la grâce et la vérité sont venues par Jésus Christ.
Dieu, personne ne l'a jamais vu ;
le Fils unique, qui est dans le sein du Père,
c'est lui qui a conduit à le connaître.

Ce jour-là, seule en sa maison,
Marie entendit
Elle entendit clairement
Elle entendit distinctement
C'était comme une voix
Une voix d'ailleurs
Une voix d'outre-monde,
Une voix d'En Haut

Comme une voix céleste
Une voix claire
Une voix juste
Une voix qui parlait dans sa langue
Dans sa langue à elle
Dans la langue de sa mère
Et dans la langue de son père
Dans sa langue maternelle
Et dans sa langue paternelle

Il n'y avait personne
Avec elle dans la maison.
Personne n'était là
Pour être témoin de l'événement
Quelqu'un parlait-il ?
Quelqu'un ne parlait-il pas ?
Elle n'aurait pu le dire
Mais elle entendit clairement
Elle entendit distinctement
Elle entendit nettement
Sans bien comprendre
Ce qu'au fond d'elle-même elle craignait d' entendre
Sans pouvoir comprendre.
C'était trop extraordinaire
Sans vouloir comprendre
Car cette nouvelle allait bouleverser toute sa vie
Comme elle bouleverserait la vie de millions et de millions d'humains

Puis elle comprit tout d'un coup
Dans une fulguration subite
Dans une illumination foudroyante
Dans un éclair sidérant
Que l'enfant qu'elle portait en elle
Serait Signe de l'Eternel
Parole de l'Eternel
Porte-Parole de l'Eternel
Que l'enfant qu'elle portait en elle
Serait Celui par qui les mondes avaient été créés.

Elle comprit clairement, en une infime fraction de seconde,
Et cette infime fraction de seconde
Allait changer le cours de l'Histoire du monde.

Vingt siècles déjà ont passé,
La Paix est toujours à venir.
L'Humanité est confrontée
A des désirs antagonistes.

Quelques-uns recherchent la Paix.
D'autres font profit de la guerre.
Ici sont créées des richesses
Ailleurs, la pauvreté progresse.

Ici se lèvent des héros
Ailleurs les lâches font florès.
Certains cherchent leur intérêt
Et d'autres l'intérêt de tous.

Economie mondialisée,
Micro-projets, micro-crédit.
Réchauffement de la planète,
Recherche d'énergies nouvelles.

Epidémies et pandémies,
Progrès médicaux de tous ordres.
Tsunamis, tremblements de terre,
Entr'aide et Solidarité.

Où va le monde en notre temps ?
De quoi demain sera-t-il fait ?
Faut-il déjà désespérer ?
Eternel, dis-nous Ta réponse.

Debout ! Il est temps ! Levons-nous !
Portons partout notre Espérance :
Sous l'apparence du présent
Malgré les obstacles, les murs,
De l'autre côté de la peur
La Vie est là. Mort est vaincue.
Alleluia. Alleluia

VOIR PLUS LOIN QUE LE BOUT DE SON NEZ !...

*Or, il advint, en ces jours-là, que parut un édit de César Auguste,
ordonnant le recensement de tout le monde habité.
Ce recensement, le premier, eut lieu
pendant que Quirinius était gouverneur de Syrie.
Et tous allaient se faire recenser, chacun dans sa ville.
Joseph aussi monta de Galilée, de la ville de Nazareth,
en Judée, à la ville de David,
qui s'appelle Bethléem, parce qu'il était de la maison et de la lignée de David
afin de se faire recenser avec Marie, sa fiancée, qui était enceinte.
Or il advint, comme ils étaient là, que les jours furent accomplis
où elle devait enfanter.
Elle enfanta son fils premier-né, l'enveloppa de langes
et le coucha dans une crèche, parce qu'ils manquaient de place dans la salle.
Il y avait dans la même région des bergers qui vivaient aux champs
et gardaient leurs troupeaux durant les veilles de la nuit.
L'Ange du Seigneur se tint près d'eux
et la gloire du Seigneur les enveloppa de sa clarté;
et ils furent saisis d'une grande crainte.
Mais l'ange leur dit: "Soyez sans crainte,
car voici que je vous annonce une grande joie,
qui sera celle de tout le peuple:
aujourd'hui vous est né un Sauveur,
qui est le Christ Seigneur, dans la ville de David.
Et ceci vous servira de signe:
vous trouverez un nouveau-né enveloppé de langes
et couché dans une crèche."
Et soudain se joignit à l'ange une troupe nombreuse de l'armée céleste,
qui louait Dieu, en disant:
"Gloire à Dieu au plus haut des cieux et sur la terre paix
aux hommes objets de sa complaisance!"
(Luc 2, 1-14)*

NOEL, c'est la fête de tous ceux qui savent voir plus loin que le bout de leur nez !

Par exemple, les bergers. Ils entendent quelqu'un qui les invite à aller voir le Sauveur, le Messie, Celui que tout le Peuple attend depuis des siècles. S'ils n'avaient pas regardé plus loin que le bout de leur nez, ils auraient vu quoi ? Un bébé, comme tous les bébés, rien de plus, et des bébés comme tous les bébés, ils en avaient déjà vu plein ! Mais eux, qui avaient l'habitude de regarder au loin, vers les étoiles, la nuit, quand ils gardaient leurs moutons; eux qui regardaient plus loin que le bout de leur nez, ils ont reconnu dans le bébé le Sauveur.

Par exemple, les amis de Jésus. Ils avaient passé quelques années avec Jésus. Ils avaient parlé avec lui; ils l'avaient vu agir, guérir des malades, réconcilier des gens, ils avaient compris qu'il était quelqu'un de très important, quelqu'un qui venait de la part de Dieu. Et puis, ils l'avaient vu mort, et ils avaient été désespérés. Et puis, trois jours après, ils l'avaient vu vivant. S'ils n'avaient pas regardé plus loin que le bout de leur nez, ils auraient dit quoi ? : C'est un fantôme, et ils auraient eu peur. Mais Jésus avait ouvert leur cœur, et leurs yeux. Et ils avaient vu plus loin que le bout de leur nez. Et ils avaient dit : Le Seigneur est ressuscité. Il est vivant !

Par exemple, nous aujourd'hui. Il y a peut-être des garçons et des filles qui sont malheureux, parce que leur papa ou leur maman n'est pas là. Il y a peut-être des papas ou des mamans qui sont tristes parce que leur mari ou leur épouse n'est plus là. Il y a peut-être des hommes ou des femmes qui n'ont plus de travail. Il y a peut-être des gens qui sont très malades. Ceux-là, s'ils ne regardent pas plus loin que le bout de leur nez, ils vont être désespérés. Ils vont dire quoi ? : C'est vraiment pas juste ! Pourquoi justement c'est à moi que cela arrive ? Ils vont avoir l'impression d'être comme devant un grand mur. Mais s'ils regardent plus loin que le bout de leur nez, ils vont se dire que l'Esprit de Jésus est avec eux, l'Esprit du Sauveur. Et qu'avec l'Esprit de Jésus, rien n'est jamais perdu. Qu'avec l'Esprit de Jésus, on peut être triste, on n'est jamais désespéré !

Alors, vive Jésus, grâce à qui nous pouvons voir plus loin que le bout de notre nez !

NOËL... RÉCONCILIATION... HARMONIE...

NOEL... HARMONIE
Réconciliation des hommes et de l'Histoire.
Celui par qui Dieu crée l'Univers et les mondes,
Icône de son Père et Parole Eternelle,
Fils de Dieu, né de Dieu, Lumière de Lumière,
Celui qui reviendra avec la fin du temps,
Prend corps en notre monde, devient l'un de nous.
L'existence a un but car nous sommes aimés.
Nous marchons vers Celui qui nous donna la vie.

NOEL... HARMONIE
Réconciliation de Dieu et de l'Humain.
Non l'Homme n'est pas seul pour vivre son destin,
Dieu n'est pas solitaire en un ciel impassible.
Jésus cet homme est Dieu, Dieu se nomme Jésus,
L'Eternel est petit, ce petit est immense,
Et l'Esprit de son Père l'envahit tout entier.
L'existence a un but car nous sommes aimés.
Chacun peut devenir le semblable de Dieu.

NOEL... HARMONIE
Réconciliation entre eux des éléments cosmiques;
Jésus, fils de la terre, est aussi Roi du ciel.
Toute la création exulte et crie de joie
Gloire à Dieu dans les cieux et Paix à notre monde.
Les anges vont mener les bergers par la main,
L'étoile guidera les mages jusqu'à Lui.
L'existence a un but car nous sommes aimés.
Et la Gloire de Dieu se manifeste à nous.

NOEL... HARMONIE
Réconciliation des humains tous entre eux.
Les mages d'Orient, les bergers d'Occident
Sont ensemble à genoux devant le Fils de Dieu.
Abattues les frontières et les murs du pouvoir.
Tous se taisent,écoutant, le petit ne dit rien,
Mais l'Esprit chante en eux la chanson de la vie.
L'existence a un but car nous sommes aimés.
Et nous pouvons aimer de l'Amour même de Dieu.

NOEL... HARMONIE

Pourtant des hommes meurent ou souffrent de la faim;
Des peuples opprimés crient vers nous leurs angoisses,
Privés de dignité ils cherchent un Sauveur
Qui les aime et leur donne de vivre enfin libres,
En paix avec eux-mêmes et avec leurs semblables.
Pour qu'ils trouvent enfin leur place sur la terre
Combattons leurs combats, espérons leurs espoirs.
Aimons-les de l'amour dont nous sommes aimés...

... Et le peuple de Dieu marchant dans les ténèbres
Au terme du chemin sera dans la lumière,
Ceux qui vivaient dans l'ombre enfin resplendiront,
Et ils se réjouiront comme en temps de moisson.
Oui, un enfant est né, un Fils nous est donné,
Qui nous prend avec Lui, nous mène vers le Père,
Vers le Droit, la Justice et la Paix éternelle.
Victoire de la vie. Amour du Dieu vivant.

TABLE des HOMELIES

VOEUX	2
BONNE ANNÉE NOUVELLE... MALGRÉ TOUT !	3
CANDIDES COMME LES SERPENTS...	4
EPIPHANIE	6
SAUVÉS ... AVEC TOUS ! (Homélie pour l'Epiphanie – A)	7
NOËL – EPIPHANIE (Homélie pour l'Epiphanie – B)	10
QUEL AVENIR DÉSIRONS-NOUS ? (Epiphanie – C)	13
CELUI QU'ON ATTENDAIT (BAPTEME du CHRIST)	16
SEMAINE SAINTE	18
...UNIS A LA DIVINITE... (dimanche des Rameaux – A)	19
IL S'EST OFFERT (Passion – année A)	20
LE MAITRE ET L'ESCLAVE (Jeudi-Saint)	22
LE SOIR OU TOUT S'ACCOMPLIT... (Jeudi-Saint)	24
ÊTRE PRÊTRE... ÇA M'ÉTONNE (Jeudi-Saint)	26
PÂQUES	28
L'ESPOIR ET L'ESPÉRANCE (disciples d'Emmaüs)	29
Fait d' HISTOIRE ou simple CONVICTION (PAQUES)	31
RESURRECTION ...? MYSTERE...! (PAQUES)	33
LE SENS et LA PROPHETIE (PAQUES)	35
TU SERAS HEUREUX MON FRÈRE (PAQUES)	37
PENTECÔTE	39
MA SŒUR, MA COUSINE, MA VOISINE... (PENTECOTE)	40
PARACLET – AVOCAT – ASSISTANT (PENTECOTE)	42
UNE ARDENTE CONVICTION (PENTECOTE)	45
SAINT SACREMENT	48
ENSEMBLE (Saint Sacrement – année C)	49
TRINITÉ	52
CONTRE LA VIOLENCE : DIEU - TRINITE	53
(Trinité–année A)	53
CONVERSION ... DOUTES (Trinité – B)	56
LA VÉRITÉ (Trinité – Année C)	58
ASSOMPTION	61
LA VALEUR AJOUTÉE DES CHOSES (ASSOMPTION)	62

NOËL	64
CHER PÈRE NOËL	65
CELUI QUE NOUS ATTENDONS	67
NO-EL - DIEU avec NOUS	71
NOËL – ÉVÈNEMENT COSMIQUE	74
VOIR PLUS LOIN QUE LE BOUT DE SON NEZ !...	77
NOËL... RÉCONCILIATION... HARMONIE...	79

Oui, je veux morebooks!

i want morebooks!

Buy your books fast and straightforward online - at one of world's fastest growing online book stores! Environmentally sound due to Print-on-Demand technologies.

Buy your books online at
www.get-morebooks.com

Achetez vos livres en ligne, vite et bien, sur l'une des librairies en ligne les plus performantes au monde!
En protégeant nos ressources et notre environnement grâce à l'impression à la demande.

La librairie en ligne pour acheter plus vite
www.morebooks.fr

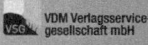 VDM Verlagsservicegesellschaft mbH
Heinrich-Böcking-Str. 6-8   Telefon: +49 681 3720 174   info@vdm-vsg.de
D - 66121 Saarbrücken   Telefax: +49 681 3720 1749   www.vdm-vsg.de

www.ingramcontent.com/pod-product-compliance
Lightning Source LLC
Chambersburg PA
CBHW021146230426
43667CB00005B/275